Gisela Mühlenberg

Mit Pinsel, Farbe, Schere und Papier

Pfiffige Sachen basteln zum Spielen, Staunen und Bewegen mit Kindern ab 2 Jahren

Illustrationen von Vanessa Paulzen

Ökotopia Verlag, Münster

Impressum

Autorin	Gisela Mühlenberg
Illustratorin	Vanessa Paulzen
Satz	art applied • Medienproduktion Hennes Wegmann + Sigi Kießling, Münster
ISBN	978-3-86702-105-0

Inhaltsverzeichnis

Einleitung

Kinder lieben es, mit Pinsel, Farbe, Schere und Papier zu experimentieren. Schon ihre ersten Kritzelstriche, die sie auf den Einkaufszettel der Mutter malen, begeistern sie. Das Malen mit Fingerfarben, das Zerschneiden von Pappe und Papier und das Kleben mit Kleister, Klebestiften und Klebeband machen ihnen riesigen Spaß.

Diese gesunde Entdeckungsfreude und der natürliche Tatendrang von Kindern sind für ihre persönliche Entwicklung von großer Bedeutung. Kinder möchten alles erkunden, erfahren und ausprobieren. Sie entdecken laufend etwas Neues. Auf dieser Entdeckungsreise können Erwachsene die Kinder mit altersgerechten Spiel- und Bastelangeboten in ganz besonderer Weise begleiten und so in ihrer persönlichen Entwicklung fördern.

In diesem Bastelbuch finden Eltern und ErzieherInnen viele tolle Bastelanregungen, die Kindern Spaß machen, die ihre Neugier wecken und mit denen sie sich in ihrer Experimentierfreudigkeit so richtig austoben können. In acht Kapiteln des Buches werden zahlreiche altersgerechte Bastel- und Spielanregungen vorgestellt, die die Kinder in ihrer Entwicklung zu Kreativität und Selbstständigkeit unterstützen.

Das Bastel- & Spielbuch

Erst basteln und dann gemeinsam damit spielen.

Das Besondere an diesem Buch ist die Kombination aus einem Bastel- und Spielbuch. Die Kinder basteln erst gemeinsam die tollsten Sachen, mit denen sie anschließend zusammen spielen können. Sie stellen selbst Bälle, Kegel und Kreisel her, sie bauen Schiffe, Windmühlen und Fallschirmspringer, basteln Handpuppen, Puzzle und Musikinstrumente und spielen dann gemeinsam damit. Eine tolle Idee, die Kinder aller Altersgruppen begeistert!

Materialien und Werkzeuge

Die Kinder benötigen für die Bastelarbeiten vor allem ganz normale Bastelutensilien wie Pinsel, Fingerfarben, Wasserfarben, Schere, Klebstoff und Papier sowie einfache, alltägliche Materialien wie Papprollen, Schachteln, Joghurtbecher, Stoff- und Wollreste. Nur in ganz wenigen Fällen werden spezielle Materialien benötigt, die vorher besorgt werden müssen. Zur besseren Übersicht befindet sich im Anhang eine Tabelle mit allen Materialien und Werkzeugen, die für die Bastelanregungen benötigt werden. Hier wird deutlich, dass es überwiegend Materialien sind, die in allen Kindergärten und in vielen Familien zu Hause vorhanden sind, sodass die Kinder auch spontan und ohne große Vorbereitungen mit dem Basteln einfach beginnen können.

Sehr hilfreich und motivierend ist es, wenn Eltern bzw. ErzieherInnen eine kleine Bastelecke für die Kinder einrichten, in der sie sich ganz nach Bedarf in ihrer Kreativität austoben können. Praktisch ist ein Kindertisch mit einer Plastikdecke, auf dem ein Grundsortiment mit Stiften, Farben, Papier, Scheren und Klebstoff für sie bereitsteht. Das Allerwichtigste an einer Bastelecke ist für Kinder aber eine Bastelkiste, in der viele alltägliche Materialien wie Papprollen, Korken, Watte, Woll- und Stoffreste extra für sie gesammelt werden.

Bastelutensilien, die jeder zu Hause hat.

Altersangaben

Zur gelungenen Auswahl von altersgerechten Bastelanregungen werden in dem Buch zu allen Bastelideen Altersangaben gemacht, die es den Eltern und ErzieherInnen erleichtern sollen, für jede Altersgruppe der Kinder etwas Passendes zu finden.

Das Buch ist so aufgebaut, dass Kinder in ihrer Entwicklung von den ersten Erfahrungen mit Pinsel, Farben, Schere und Papier im Alter von 2 Jahren bis zu anspruchsvollen Bastelarbeiten für Kinder bis zu 8 Jahren von Eltern und ErzieherInnen begleitet und beschäftigt werden können.

Für jedes Alter ist etwas dabei.

Angebote, die für Kinder „ab 2 Jahren" vorgestellt werden, sind schon für Kinder ab 2 Jahren geeignet, finden aber auch bei älteren Kindern großen Anklang. Die größeren Kinder werden diese Anregungen selbstständiger angehen und weniger Unterstützung durch Erwachsene benötigen.

In einigen Bastelbeschreibungen werden auch Alternativen mit unterschiedlich hohen Anforderungen an Kinder in verschiedenen Altersstufen beschrieben. In Kindergärten werden ohnehin meist jüngere und ältere Kinder zusammen basteln. Dabei werden ältere Kinder den jüngeren Kindern helfen können, was zusätzlich das gemeinsame Spielen und das soziale Verhalten der Kinder untereinander fördert.

Grundsätzlich sollen die Altersangaben nur Anhaltspunkte für eine Auswahl sein, denn letztendlich wird es entscheidend von den Interessen, den Fertigkeiten und vor allem von den Vorerfahrungen der Kinder abhängen, welche Anregungen für sie in ihren unterschiedlichen Entwicklungen passend sind.

Freiraum und Spaß beim Basteln

Eigene Ideen der Kinder sind erwünscht.

„In jedem Kind steckt ein kleiner Künstler"– das ist das Motto, unter dem alle Bastelanregungen in diesem Buch gesehen werden sollen.

Bei allen Bastelaktionen ist es wichtig, dass die Kinder den Freiraum erhalten, ihre eigenen Ideen miteinzubringen und die Angebote nach eigenen Vorstellungen abzuwandeln ... Und wenn zum Schluss etwas ganz anderes als das Geplante herauskommt – dann ist das genau der Spielraum, den Kinder zur Entwicklung ihrer Kreativität brauchen.

Und dann kann es losgehen!!!

Geschicklichkeit ist Trumpf

Luftballonschläger

Die Kinder legen zwei Pappteller mit den Innenseiten aufeinander. Während große Kinder die beiden Teller alleine zusammentackern, benötigen kleine Kinder dabei die Unterstützung eines Erwachsenen.

Mit der Schere schneiden die Kinder an einer Seite der Papprolle zwei sich gegenüberliegende Schlitze.
In die Schlitze stecken sie die beiden Papptellerscheiben, drücken die Pappe flach an die Tellerscheibe und tackern Scheibe und Papprolle zusammen.

Diese Schläger malen die Kinder ganz nach ihren Vorstellungen mit Bastel- oder Fingerfarben an. Sobald die Farben getrocknet sind, kann das Luftballonspiel beginnen.

Spielen & bewegen

- Jedes Kind erhält einen Luftballon (die Größeren pusten ihn selbst auf) und schlägt ihn mit seinem Luftballonschläger in die Luft.
- Die Kinder spielen sich gegenseitig die Luftballons zu. Je mehr Luftballons im Spiel sind, umso lustiger und lebhafter wird das Spiel.
  - Größere Kinder können sich auch einen Luftballon – wie beim Federballspiel – über ein Seil zuspielen.

Ping – Pong – Pappkarton

Die Kinder bemalen gemeinsam einen großen Pappkarton rundherum mit Fingerfarben. Bei so einem großen Pappkarton ist es toll, wenn ganz viele Kinder dabei helfen. Ist das Schmuckstück fertig, müssen die Farben erst einmal trocknen.

In der Zwischenzeit malen die Kinder mit wasserfesten Filzstiften lustige Gesichter auf die Tischtennisbälle. Gut ist es, wenn für das Spiel ruhig 20 bis 30 Bälle bemalt werden.

Alter
ab 2 Jahren

Material
großer Pappkarton
Fingerfarben
viele Tischtennisbälle
wasserfeste Filzstifte

Spielen & bewegen

Gespielt wird das Spiel am besten in einem leeren Raum mit glattem Boden, vielleicht in einem Gymnastikraum. Der Karton steht in der Mitte des Raumes. Die Kinder werfen die Tischtennisbälle auf den Boden und schauen, ob ihr Ball so mit ein paar Hüpfern in den Karton springt. Alle Kinder lassen gemeinsam alle Bälle in den Karton hüpfen. Das gibt ein lebhaftes Hin-und-her-Gehüpfe. Wenn alle Bälle im Karton sind, gibt es ein lautes „Hurra" und das Spiel kann von vorne losgehen.

Tischtennisballschläger

Jedes Kind benötigt einen runden Bierdeckel und eine Klopapierrolle. Mit der Schere schneiden die Kinder an einem Ende der Rolle zwei sich gegenüberliegende Schlitze von ca. 3–4 cm. In diese Schlitze stecken sie den Bierdeckel und tackern mithilfe eines Erwachsenen die Papprolle fest an den Bierdeckel.

Nun malen die Kinder den Schläger von beiden Seiten bunt an und lassen die Farbe trocknen.

Jedes Kind erhält einen Tischtennisball, vielleicht ja sogar einen farbigen. Damit jedes Kind seinen Ball wiedererkennt, malen sie ihre Bälle mit wasserfesten Filzstiften an. Besonders beliebt sind dabei Smilies und andere witzige Gesichter.

Spielen & bewegen

Sobald die Farbe der Schläger getrocknet ist, kann das Spiel losgehen. Zum Üben spielen die Kinder zunächst alleine mit ihren Schlägern und Bällen. Sie versuchen den Ball ganz oft hintereinander in die Luft zu schlagen oder zielen die Bälle mit dem Schläger in einen Pappkarton. Fortgeschrittene Kinder spielen sich die Bälle auch gegenseitig zu.

Alter
ab 3 Jahren

Material
1 runder Bierdeckel
1 Klopapierrolle
Schere
Tacker
Finger- oder Bastelfarben
Pinsel
(bunte) Tischtennisbälle
wasserfeste Filzstifte

Papprollenkegel

Auf einer Plastikunterlage liegen alle Materialien, viele Papprollen, bunte Fingerfarben und ein dicker Pinsel bereit. Die Kinder bemalen die Papprollen ganz nach ihren Wünschen mit Fingerfarben. Am besten geht das natürlich mit den Händen. Kleine Kinder malen zu Beginn oft lieber mit einem Pinsel. Lustig sehen die Pappkegel aus, wenn sie mit unterschiedlichen Gesichtern bemalt werden. Zum Trocknen werden sie hochkant auf eine Plastikunterlage gestellt.

Die bunt angemalten Rollen sehen so schon toll aus. Ältere Kinder können den Kegeln mit Gesichtern aber auch noch einen Haarschopf aus Wolle machen. Dazu schneiden sie aus Wollresten ein Büschel Haare zurecht und umkleben ein Ende des Büschels mit einem Stück Klebeband. Dieses mit Klebeband umwickelte Ende tackern sie innen an die Rückseite der Röhre.

Alter
ab 2 Jahren

Material
große Papprollen
Fingerfarbe
dicker Pinsel
Plastikunterlage
evtl. Wollreste
Schere
Klebeband
Tacker
Bälle

Spielen & bewegen

Sobald die Pappkegel fertig sind, werden sie zu einer kleinen Gruppe auf dem Boden zusammengestellt. Die Kinder zielen der Reihe nach mit Bällen auf die Kegel. Gut Holz!

Kleine Kinder kegeln am besten mit großen Bällen und einem kleinen Abstand zur Kegelgruppe, während größere Kinder weiter weggehen und mit kleineren Bällen auf die Kegel zielen können.
Übrigens: Die Reisbälle, deren Herstellung auf Seite 18 beschrieben wird, sind auch gut zum Kegeln für größere Kinder geeignet.

Papierbälle

In einem Glas- oder Plastikgefäß rühren die Kinder mit einem Pinsel den Kleister an. Bevor sie weitermachen, trocknen sie sich gut die Hände ab, da das Papier sonst gleich zu Anfang an ihren Händen kleben bleibt.

Die Kinder reißen gemeinsam das Seideneinpackpapier in handgroße Stücke. Sie brauchen einen großen Berg Einpackpapierschnipsel. Dann tunken sie 2 bis 3 Schnipsel ganz in den Kleistertopf und kneten das Papier zu einer Kugel zusammen. Über diese Kugel kleben sie nacheinander mehrere Papierstücke und streichen über jede Papierlage eine Kleisterschicht. Dies wiederholen sie so lange, bis ihr Papierball groß genug ist.

Wieder mit sauberen und trockenen Händen reißen die Kinder nun buntes Transparentpapier in kleinere Schnipsel. Dabei können sie wählen, ob sie einfarbige oder kunterbunte Bälle machen möchten. Sie kleben in der gleichen Technik wie oben noch zwei bis drei Schichten Transparentpapier mit Kleister über ihre Bälle. – Und dann heißt es Geduld haben, denn die Bälle müssen verständlicherweise ganz lange trocknen!

Dazu legen die Kinder ihre Bälle (zumindest anfangs auf einer Plastikunterlage) in einen warmen Raum oder in die Sonne. Sobald die Bälle etwas getrocknet sind, können die Bälle auch ohne Unterlage auf eine Heizung gelegt oder auch zeitweise mit einem Fön getrocknet werden.

Spielen & bewegen

Sobald die Bälle getrocknet sind, können die Kinder mit ihnen spielen. Sie jonglieren damit, sie werfen sich die Bälle gegenseitig zu oder zielen sie in einen Eimer oder einen Pappkarton. Da sind der Fantasie keine Grenzen gesetzt.

Papprollenwurfbude

Auf einer abwaschbaren Unterlage bemalen die Kinder
ganz viele Klopapierrollen und andere Papprollen kunter-
bunt mit Fingerfarben. Sie können sich alle möglichen
Muster ausdenken. Zum Trocknen stellen sie die Rollen
hochkant auf eine Plastikunterlage.

Aus Strümpfen und Wollresten basteln die Kinder ihre
Wurfbälle. Sie wickeln aus der Wolle ein Knäuel und stopfen es fest in die Spitze oder Hacke eines alten Strumpfes.
Mithilfe eines Erwachsenen binden sie den Strumpf mit
festem Band ab und verknoten die Bandenden fest miteinander. Sie schneiden den Strumpf ca. 2 cm oberhalb des
Bandes ab.

Alter
ab 2 Jahren

Material
Klopapierrollen
andere Papprollen
Fingerfarben
Pinsel
alte Strümpfe oder
dehnbarer Stoff
Wollreste
Schere
festes Band

Spielen & bewegen

Wie auf der Kirmes bauen sich die Kinder eine echte Wurf-
bude auf. Sie stapeln ihre Pappröhren auf einem niedrigen
Tisch zu einer Pyramide und versuchen nun der Reihe nach,
die Rollen mit den Bällen umzuwerfen.

Jonglierbälle

Alter
ab 3 Jahren

Material
Luftballons (s. Hinweis)
großer Trichter, Reis, Schere

Hinweis
Die Auswahl der Luftballons ist
für die Herstellung der Jonglierbälle von besonderer Bedeutung.
Zunächst brauchen die Kinder
einen größeren oder schon ausgeleierten Luftballon, gleich welcher
Farbe. Meist eignen sich dafür gut
Reklameluftballons, weil sie
größer und dehnbarer sind als
gekaufte. Darüber hinaus benötigt
jedes Kind 2 oder 3 enge, neue
Luftballons in einer Farbe ohne
Reklame.

Hat jedes Kind seinen „ausgeleierten" Luftballon, kann es
losgehen:

- Die Kinder stecken einen großen Trichter in den Luftballon und füllen mithilfe eines Erwachsenen so viel Reis in
  den Ballon, wie es geht. Sie dürfen den Reis richtig in
  den Luftballon stopfen.
- Die Kinder suchen sich 3 enge Luftballons in der gleichen Farbe aus. Sie schneiden den Schaft der drei Ballons
  mit der Schere ab. Dann nehmen sie ihren mit Reis
  gefüllten Ballon vorsichtig in die Hand und schneiden
  auch den Schaft ab. Ein Erwachsener dehnt nun einen
  der 3 Luftballons und stülpt ihn über den Reisballon, so
  dass die Öffnung des Reisballons geschlossen ist.
- Jetzt stülpen die Kinder die beiden weiteren Luftballons
  jeweils über die Öffnung des vorherigen Ballons. Sie kneten den Ball etwas zurecht. Und fertig ist der erste Jon-
  glierball. Am besten ist es, wenn sich jedes Kind gleich
  zwei oder drei Bälle zum Jonglieren bastelt.

Spielen & bewegen

Das Schöne an diesen Jonglierbällen ist, dass sie schnell
hergestellt werden können und die Kinder sofort mit dem
„Jonglieren" beginnen können.

Die Bälle werfen sie
- so weit wie möglich
- hoch und fangen sie wieder auf
- sich gegenseitig zu
  und zielen dabei in bestimmte Behälter …

Größere Kinder werden natürlich versuchen, richtig zu
jonglieren. Sicherlich finden sie einen Erwachsenen, der
ihnen dazu ein paar Tipps geben kann.

Spaß-, Egal- und Wutbälle

Eine lustige Variante der Jonglierbälle sind diese Spaß-, Egal- und Wutbälle. Kinder lieben sie ganz besonders.

Die Herstellung der Bälle erfolgt zunächst so, wie es bei den Jonglierbällen beschrieben worden ist. Die Kinder suchen sich die passenden Luftballons aus, füllen einen mit Reis und ziehen wieder drei Luftballonschichten übereinander.
So geht's weiter:

Alter
ab 3 Jahren

Material
Luftballons
Reis
großer Trichter
Schere
Wollreste
Klebeband
wasserfeste Filzstifte

- Die Kinder schneiden aus Wollresten ein paar Haare für ihre Bälle zurecht.
- Diese legen sie zu einem Haarbüschel zusammen, umwickeln sie in der Mitte mit einem Stück Klebeband und kleben das Haarbüschel auf das Loch des oberen Luftballons.
- Sie kleben es mit zwei weiteren kleinen Klebebandstreifen fest – am besten so, dass die Klebebandstreifen nicht direkt im Gesicht kleben.

Jetzt malen die Kinder mit wasserfesten Filzstiften die lustigen Gesichter auf die Bälle:
- Die Bälle mit den Mundwinkeln nach unten sind die Wutbälle,
- die mit den Mundwinkeln nach oben sind die Spaß-Bälle
- und die Bälle mit dem geraden Mund sind die Egal-Bälle.

Spielen & bewegen

Die lustigen Gesichter auf den Bällen motivieren die Kinder meist zu eigenen, fantasievollen Spielen:

- Sie geben ihren Bällen Namen. Sie können ihren grimmigen Wutball auch Motzball, Brummi oder Bocki, ihren Spaßball Gute-Laune-Ball oder Sonnenschein und den Egal-Ball lieber Wurst-egal-Ball nennen.
- Sie spielen die verschiedenen Stimmungen ihrer wilden Kerle nach und ziehen passende Grimassen.
- Der Wutball ist natürlich auch ein gutes Mittel, um Ärger und Wut auszudrücken. Die Kinder können ihn einfach fest auf den Boden oder an die Wand werfen.
- Ein gemeinsames Spiel für alle Kinder könnte sein, dass die drei verschiedenen Bälle unter drei gleichen Dosen oder Behältern versteckt werden. Nun vertauscht ein Kind die Dosen hin und her, ohne darunter zu schauen. Ein anderes Kind darf nun vorsichtig eine Dose hochheben und alle Kinder spielen die entsprechende Stimmung. Sie ziehen Grimassen, lachen, weinen, tanzen, hauen auf den Boden oder stehen einfach ganz gelangweilt und bewegungslos da. Da ist die Fantasie der Kinder gefragt.

Flatterbälle

Alter
ab 3 Jahren

Material
alte Strümpfe
evtl. Wollreste
Schere
festes Band
(farbige) Plastikeinkaufstüten
oder Krepppapier

In die Spitze oder Hacke eines alten Strumpfes stopfen die Kinder alte Socken oder ein zur Kugel gewickeltes Knäuel aus Wollresten. Sie ziehen den Strumpf stramm über die Kugel. Ein Erwachsener hilft den Kindern, den Strumpf mit einem festen Band über der Kugel fest zusammenzubinden. Die Enden des Bandes sollen noch nicht abgeschnitten werden. Die Strumpfstücke oberhalb der Kugel schneiden die Kinder aber bis auf ca. 2 cm ab.

Jedes Kind schneidet mehrere Streifen aus einer Einkaufsplastiktüte (oder Krepppapier) zurecht. Diese Streifen binden sie mit den Enden des festen Bandes an ihren Strumpfball. Wenn genug Streifen befestigt worden sind, verknoten sie das Band noch einmal ganz fest und schneiden die Enden jetzt ab.

Spielen & bewegen

Den Kindern macht es großen Spaß, die Bälle durch die Gegend werfen oder sich gegenseitig zuzuspielen. Die Strumpfkugeln ziehen ihre Plastik- oder Papierstreifen mit einem schönen Flattergeräusch hinter sich her.
Mit diesen Bällen können die Kinder auch gut in einen Eimer oder ein anderes Gefäß zielen. Im Garten kann ein Gymnastikreifen mit 2 Bändern z. B. zwischen 2 Bäume gebunden werden, so dass der Reifen senkrecht herunterhängt. Dann versuchen die Kinder ihre Bälle durch den Ring zu werfen. Jeder Treffer ist ein Punkt.

Indiaca-Ball

Die ersten Arbeitsschritte bei der Herstellung eines solchen Indiaca-Balls sind die gleichen, wie sie bei den Flatterbällen beschrieben worden sind: Ein alter Strumpf oder ein Stück dehnbarer Stoff wird mit Strümpfen, Stoff- oder Wollresten zu einem Ball gestopft und mit einem festen Band zugebunden.

So geht's weiter:

Mit den Enden des festen Bandes werden nach und nach viele bunte Federn an der Kugel befestigt. Haben die Kinder genug Federn an den Ball gebunden, verknoten sie das Band fest und schneiden die Enden ab.

Tipp

Die Federn alle nach außen gebogen anbringen, dann fliegt der Ball später besser!

Alter
ab 4 Jahren

Material
alte Strümpfe oder dehnbarer Stoff
evtl. Woll- oder Stoffreste
festes Band, Schere, Federn

Spielen & bewegen

Ein Indiaca-Ball wird einfach mit der flachen Hand in die Luft geschlagen. Durch die Federn fliegt er richtig schön. Zunächst spielen die Kinder alleine mit ihrem Indiaca-Ball. Später können sich zwei Kinder den Ball gegenseitig zuschlagen oder auch über ein gespanntes Seil spielen. Dabei können sie zählen, wie oft sie es hin und her schaffen. Natürlich können sich auch mehrere Kinder den Indiaca-Ball im Kreis zuspielen.

Reisbälle

Alter
ab 3 Jahren

Material
Alufolie
Reis
Stoffreste
Schere
festes Band

Die Kinder reißen ein ungefähr 20 x 20 cm großes Stück Alufolie von der Rolle ab. Sie formen daraus eine kleine Schale und füllen eine kleine Tasse Reis hinein. Sie umschließen den Reis ganz mit der Folie und formen einen Ball daraus. Zur Verstärkung wickeln sie noch zwei bis drei weitere Stücke Alufolie um den Ball.

Die Kinder schneiden ein Stück Stoff zu, das den Ball großzügig umschließt. Die Kanten des Stoffes raffen sie an einer Stelle stramm zusammen. Mithilfe eines Erwachsenen binden sie den Stoff mit einem festen Band gut zu. Den überstehenden Stoff schneiden die Kinder bis auf ca. 2 cm oberhalb des Bandes ab.

Spielen & bewegen

Mit diesen Reisbällen können die Kinder alle möglichen Spiele machen.
Sie sind gut geeignet
• zum Papprollenkegeln
• zum Jonglieren und
• zum Zielen in ein großes Gefäß …
Der Fantasie sind da keine Grenzen gesetzt.

Dosenstelzen

Zur Verschönerung der Konservendosen schneiden die Kinder zwei Stücke aus Regenbogenpapier oder Wellpappe zu, die rund um die Dosen passen. Diese kleben sie mit Klebstoff um die beiden Dosen.

Mit einem Dorn stechen sie jeweils in die Böden der beiden Dosen am Rand zwei gegenüberliegende Löcher.

Je nach Größe der Kinder schneiden sie zwei ungefähr 1,20 m bis 1,50 m lange Stücke des festen Bandes ab. Die Enden stecken sie von außen nach innen durch die Dosenlöcher und knoten innen eine kleine Holzperle an jedes Fadenende.

Alter
ab 4 Jahren

Material
2 große Konservendosen
Regenbogenpapier oder
Wellpappe
Schere
Klebstoff
Dorn
4 Holzperlen
festes Band

Spielen & bewegen

Vorsichtig steigen die Kinder auf die Dosen, halten die Fäden in der Hand und beginnen mit ihren Dosen durch die Gegend zu stelzen. Sobald die Kinder ein wenig Übung haben, können sie sich einen kleinen Parcours aufbauen, den sie mit ihren Stelzen umlaufen können.

Alter
ab 4 Jahren

Material
buntes Papier (DIN A4)
Schere
Klebstoff
weiches Band
Holzkugel
Dorn
1 Streichholz

Papierfangtüte

Jedes Kind benötigt zur Herstellung einer Papierfangtüte ein DIN-A4-Papier. Sie falten es in folgenden Schritten:

1. Das Papier liegt hochkant. Die linke untere Ecke des Papiers nehmen und diagonal falten, sodass die untere Papierkante genau auf der rechten Papierkante liegt.
2. Den rechteckigen Teil des Papiers oberhalb des gefalteten Dreiecks abschneiden.
3. Das Dreieck mit der Spitze nach oben vor sich hinlegen.
4. Die linke Ecke des Dreiecks so auf die andere Seite falten, dass die Spitze der linken Ecke die rechte Dreieckskante berührt.
5. Das Papierstück umdrehen und die nun auch links liegende zweite Ecke genauso auf die rechte Seite falten.
6. Die beiden nach oben stehenden Papierspitzen nach unten falten – eine auf der einen und eine auf der anderen Seite.
7. Diese Papierecken mit je einem Klebertupfer an der Papiertüte festkleben.

Übrigens: Aus so einem Becher lässt es sich auch trinken!

So geht's weiter:

Die Kinder fädeln eine Holzkugel auf ein Stück weiches Band und knoten die Kugel in der Mitte des Bandes fest. Sie stechen mit einem Dorn o. Ä. ein kleines Loch unten in die Fangtüte. Sie ziehen die beiden Bandenden von unten durch das Loch und machen ca. 25 cm oberhalb der Holzkugel einen dicken Knoten in das Band. Damit der Knoten nicht durch das Loch aus der Tüte rutschen kann, legen sie ein abgebrochenes Streichholz darüber, verknoten es dort fest und schneiden die Bandenden ab. Sie ziehen die Holzperle nach unten und die Fangtüte ist fertig.

Spielen & staunen

Jetzt ist die Geschicklichkeit der Kinder gefragt! Gelingt es ihnen, die Kugel in die Papierfangtüte springen zu lassen?

Mit Wasser spielen macht immer Spaß

Melonenboot

Für die Herstellung eines Melonenbootes benötigt jedes Kind eine halbe Honigmelone. Ein Erwachsener schneidet die Melone(n) in der Mitte längs in zwei Teile. Mit einem Löffel entfernen die Kinder die Kerne und lösen das Fruchtfleisch heraus. Die Melonenstücke verspeisen sie anschließend gemeinsam.

- Die Kinder waschen die ausgehöhlte Melone mit Wasser aus und tupfen sie mit einem Papiertuch wieder trocken. Sie ziehen den Docht aus einem Teelicht heraus und stellen es ohne Docht aber mit Metallhülle in das Melonenboot.
- Aus bunter Wellpappe schneiden sie mithilfe der Schablone „Melonenboot" ein Segel zurecht. Zur Befestigung des Segels pieksen sie mit dem Schaschlikstäbchen zwei Löcher durch das Segel und schieben das Stäbchen hindurch. Aus bunter Pappe schneiden sie ein Fähnchen zu und kleben es an die Spitze des Fahnenmastes.
- Sie stecken den Fahnenmast in das Loch des Teelichtes und setzen einen lustigen Kapitän in das Boot, der das Schiff durch die Meere begleiten soll.

Variante
Solch ein Boot können die Kinder tatsächlich auch als größere Variante aus Wassermelonen herstellen, denn auch halbe Wassermelonen schwimmen gut im Wasser. In einer Wassermelone befestigen die Kinder einen Holstab als Mast am besten mit einem Klumpen Knete auf dem (trockenen!) Melonenboden und schneiden Segel und Fähnchen in passender Größe zu.

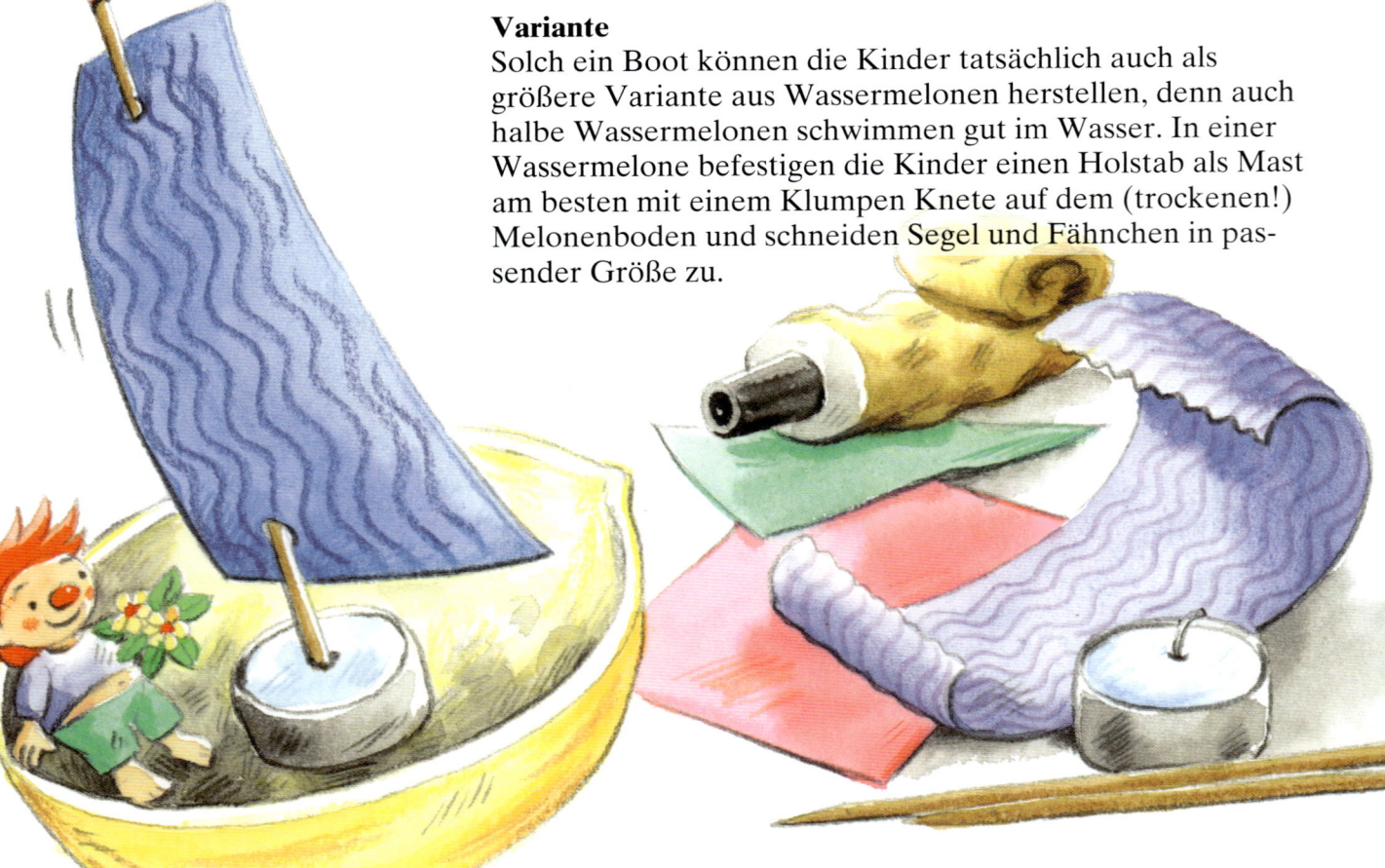

Spielen & bewegen

Die Melonenboote sind lustige Wasserspielzeuge für die Sommerzeit. In einem Planschbecken können die Kinder gleich eine ganze Flotte zu Wasser lassen. Und für die Zwischenmahlzeit mit dem Fleisch der Honig- oder Wassermelonen ist auch gleich gesorgt!

So schön die Boote sind, so vergänglich sind sie allerdings auch. Nach zwei bis drei Tagen sehen sie nicht mehr schön aus und müssen weggeworfen werden.

Milchtütendampfer

Die Kinder legen die Milchtüte so vor sich auf den Tisch, dass die spitze Faltkante (Ausguss) der Milchtüte als vordere Spitze des Bootes erkennbar ist. Sie schneiden die obere Tütenwand und ca. 1 cm der Bootseitenwände ringsum ab. So ist das Boot schon gut erkennbar.

Es gibt zwei verschiedene Möglichkeiten, um das Boot zu verschönern:
- Die Kinder verkleiden das Schiff mit einem Stück Alupapier.
- Sie malen es mit wasserfesten Filzstiften oder mit Acrylfarben an.

Von der abgeschnittenen Milchtütenwand schneiden die Kinder die Ränder und das vordere spitze Stück ab, sodass ein Rechteck übrig bleibt. Dieses Rechteck falten sie zweimal so, dass ein Führerhaus entsteht. Sie schneiden an einer oder auch an beiden Seiten ein Fenster aus. Auch das Führerhaus kann mit Alufolie verkleidet bzw. angemalt werden.
Sobald die Farben getrocknet sind, tackern die Kinder das Führerhaus im hinteren Teil des Schiffes an die Seitenwände.

Für den Schornstein schneiden die Kinder in eine Klopapierrolle an einer Seite der Rolle rundum ein paar kleine Schnitte. Sie klappen die so entstandenen Ecken nach außen, bestreichen sie mit Klebstoff und befestigen die Rolle als Schornstein so in ihrem Boot.
Als Rauch kleben sie ein Stückchen Watte in den Schornstein.

Alter
ab 3 Jahren

Material
1 Milchtüte (Tetrapak), Schere
Alufolie (oder: Acrylfarbe, Pinsel, Wasserglas)
wasserfeste Filzstifte
Tacker, 1 Klopapierrolle
Klebstoff, Watte
kleine Dekofähnchen (oder Zahnstocher, Papier, Filzstifte)

Nun befestigen sie ein Fähnchen mit Klebeband hinten am Boot oder basteln ein eigenes Fähnchen aus einem Zahnstocher und einem Stück Papier, das sie mit Filzstiften bemalen.

Jetzt fehlt nur noch der Kapitän und dann – Schiff ahoi!

Spielen & bewegen

Mit diesen schönen Milchtütendampfern können die Kinder in der Badewanne oder bei schönem Wetter draußen im Planschbecken herrlich spielen.

Flaschenpost

Für eine Flaschenpost brauchen die Kinder Plastikflaschen mit möglichst großem Schraubverschluss. Diese Flaschen malen sie mit Acrylfarben an und lassen die Farbe trocknen.

Sie malen auf Zettel Bilder, Namen, Zeichen und Botschaften und stecken diese als Nachricht an andere Kinder in die Flaschen. Sie können auch alle möglichen kleinen Überraschungen wie Figuren, Blätter, Stöckchen oder ein Bonbon hineinstecken.

Spielen & bewegen

Die fertig gefüllten Flaschen werfen die Kinder in Begleitung von Erwachsenen am oberen Bachlauf ins Wasser und beobachten, wie ihre Flaschen langsam den Bach hinab schwimmen. Wenn sie stecken bleiben, müssen die Kinder sie vielleicht mit einem Stock wieder anschieben.
Ein tolles Spiel. – Ob die Flaschenpost wohl an ihrem Ziel ankommt?

Alter
ab 3 Jahren

Material
1 Plastikflasche (mit großem Schraubverschluss)
Acrylfarben, Pinsel, Wasserglas
Papier. Buntstifte, kleine Figuren
andere Überraschungen

Hinweis
Eine Flaschenpost ist für Kinder besonders faszinierend. Allerdings brauchen sie für das Spiel mit einer Flaschenpost einen kleinen Bachlauf, an dem sie unter Aufsicht von Erwachsenen ungefährdet spielen können.

Luftballonmotorboot

Als Schiffsrumpf können die Kinder sowohl leere 1-Liter- oder 1/2-Liter-Milchtüten bzw. Safttüten verwenden. Sie legen die Tüte so vor sich, dass die Tüte schon wie ein Schiff aussieht.

Sie schneiden die oben liegende Seite und zusätzlich noch 2-3 cm der Seitenwände ab. In die Rückwand schneiden sie mit der Schere (mithilfe eines Erwachsenen) ganz unten am Boden des Schiffes ein Loch (ca. 1 cm dick).
Zur Verschönerung der Boote malen die Kinder ihr Boot entweder mit Acrylfarbe an oder wickeln es in ein Stück Alufolie.

Alter
ab 4 Jahren

Material
1 leere Milch-/Safttüte (1 oder 1/2 l)
Schere, Acrylfarben, Pinsel
Wasserglas, evtl. Alupapier
Luftballons

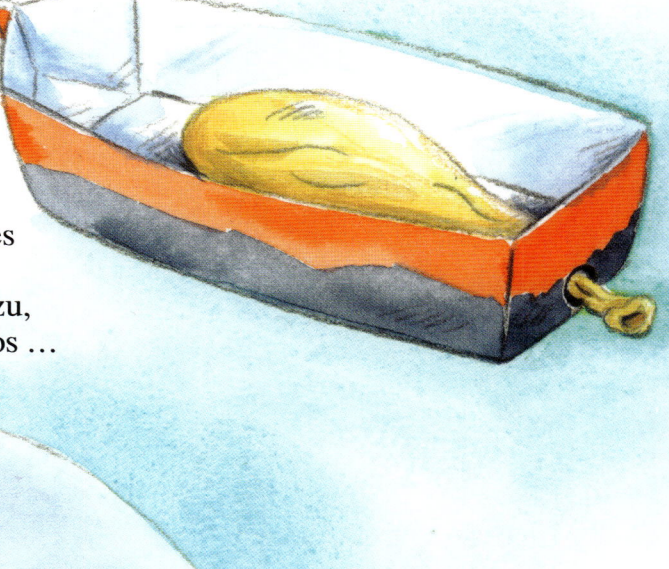

Spielen & staunen

Die Kinder füllen ein Waschbecken, eine Badewanne oder ein Planschbecken mit Wasser.

Durch das Loch im Boot stopfen sie den Schaft eines Luftballons von innen nach außen. Sie pusten den Luftballon auf, halten die Öffnung des Luftballons zu, setzen das Boot ins Wasser, lassen den Luftballon los … und schon düst das Boot ab.

Angelspiel

Alter
ab 3 Jahren

Material
Weinkorken, Dorn
Kugelschreiber, Zahnstocher
Moosgummi, Schere
wasserfeste Filzstifte
große Büroklammern, evtl. Dorn
lange Verschlussdrähte
Holzstöckchen, Garn
evtl. Blumendraht
evtl. Klebeband
evtl. Schablonen „Angelspiel 1, 2,
3, 4, 5 und 6" (S. 117)

Die Kinder suchen zwei ungefähr gleich lange Weinkorken aus und legen sie nebeneinander auf den Tisch. Mit dem Dorn oder einem anderen spitzen Gegenstand stechen sie in beide Korken auf gleicher Höhe je zwei Löcher. Sie brechen einen Zahnstocher in der Mitte durch und stecken die beiden Zahnstocherteile mit den abgebrochenen Enden in die beiden Löcher eines der beiden Korken.

Die Tierformen entwerfen die Kinder selbst oder übertragen die Formen mithilfe der Schablonen „Angelspiel 1, 2, 3, 4, 5 und 6" mit einem Kugelschreiber auf das Moosgummi. Die Formen schneiden sie aus und pieksen das Tier an der unteren Kante auf die Zahnstocherspitzen des ersten vorbereiteten Korkens. Auf diese stecken sie den zweiten Korken. So sitzt das Tier fest zwischen den beiden Korken. Mit wasserfesten Filzstiften malen die Kinder je nach Tierart Augen, Mund, Schwanz oder Fischschuppen auf die Figuren.

Damit die Tiere mit der Angel aus dem Wasser gefischt werden können, heften die Kinder entweder eine große Büroklammer an jedes Tier oder sie befestigen eine Öse aus einem langen Beutelverschlussdraht an den Tieren. Dazu stechen sie mit einem Dorn ein Loch in das Tier, stecken den Verschlussdraht bis zur Hälfte hindurch und verdrehen die beiden Drahtenden 2-3 Mal direkt oberhalb des Tieres. Aus den überstehenden Enden formen sie einen Ring und verdrehen diese umeinander.

Als Angel binden die Kinder ein Stück Garn an ein Holzstöckchen. An das andere Ende des Fadens knoten sie eine große Büroklammer und biegen diese als Angelhaken etwas auf.

Für kleinere Kinder ist es leichter mit einer Angel zu fischen, bei der ein fester Haken aus Blumendraht direkt an das Holzstäbchen angebracht wird:

- Ein ca. 40 cm langes Stück Blumendraht in der Mitte knicken und die beiden Enden ganz oft umeinander drehen.
- Diesen verdrehten Draht mit den spitzen Enden ein paar Mal an einem Ende um den Holzstab wickeln. Zur Sicherheit ein Stück Klebeband um die Drahtenden am Stock wickeln.
- Das andere Drahtende biegen die Kinder zu einem Haken.

Spielen & staunen

Die Fische und Schwimmtiere setzen die Kinder in eine Wasserschüssel, in die Badewanne oder ins Planschbecken und schon kann das lustige Angelspiel losgehen …

Holzflachboot

Floß

Die Kinder legen 10 Eisstäbchen auf einer Plastikunterlage nebeneinander. Zwei weitere Stäbchen streichen sie jeweils auf einer Seite mit Holzleim ein, legen diese quer über die 10 Stäbchen und drücken sie fest an. Es dauert eine Weile, bis der Holzleim getrocknet ist. Während der Trocknungszeit drücken die Kinder die beiden Querhölzer immer wieder ganz fest auf das Flachboot oder beschweren sie mit einem dicken Buch o. Ä.
Ist der Holzleim getrocknet, drehen die Kinder das Boot um und leimen zwei weitere Eisstäbchen zur Stabilisierung auf die Unterseite des Flachbootes. Sie drücken die Holzstäbchen wieder fest zusammen und lassen alles trocknen.

Alter
ab 3 Jahren

Material
14 Eisstäbchen (aus Holz)
Holzleim, 1 Teelicht
1 Schaschlikstäbchen
Moosgummi, Schere, Dorn
wasserfester Filzstift
kleine Spielfiguren
evtl. Schablone „Holzflachboot"
1 und 2 (S. 115)

So können die Kinder ihr kleines Floß schon zu Wasser lassen und Figuren oder kleine andere Gegenstände zum Spielen darauf setzen.

Segelboot

Wenn die Kinder ein Segelboot daraus machen möchten, ziehen sie den Docht aus einem Teelicht heraus, setzen das Wachs wieder in das Metalltöpfchen und sie stecken ein Schaschlikstäbchen als Mast in die Mitte des Teelichtes. Sie übertragen mithilfe der Schablonen „Holzflachboot 1 und 2" ein Segel und ein kleines Fähnchen auf das Moosgummi und schneiden die Formen aus. Mithilfe eines Erwachsenen stechen sie mit einem Dorn oder einem anderen spitzen Gegenstand zwei Löcher in das Segel, sodass sie das Schaschlikstäbchen durch das Segel schieben können. Das Fähnchen befestigen sie genauso an dem Mast. Mit einem wasserfesten Filzstift können die Kinder das Segel bemalen oder beschriften.

Spielen & bewegen

In der Badewanne, im Planschbecken oder in einer Plastikschlüssel setzen die Kinder ihre Floße und Segelboote ins Wasser. Sie lassen kleine Figuren und andere witzige Gegenstände auf ihrem Floß über das Wasser schippern. Was und wie viel kann ihr Boot transportieren – wann kentert es?

Schwimmtiere

Mit einem Sägemesser schneiden die Kinder aus Styropor ungefähr 4 x 5 cm große Stücke zu. In diese Rechtecke schneiden sie vorsichtig längs einen Schlitz, ohne das Styroporstück ganz durchzuschneiden.

Die Kinder malen verschiedene Wassertiere wie Fische, Enten und Krokodile … entweder ohne Vorlage oder mithilfe der Schablonen „Schwimmtiere 1-6" mit einem Kugelschreiber auf das Moosgummi. Die Tiere schneiden sie mit der Schere aus und stecken sie in die kleinen angefertigten Styroporplatten. Mit bunten wasserfesten Filzstiften können sie ihre Tiere noch bemalen.

Alter
ab 4 Jahren

Material
Styroporplatte (ca. 1,5 cm dick)
Sägemesser
Moosgummi
Kugelschreiber
Schere
wasserfeste Filzstifte
evtl. Schablonen „Schwimmtiere 1, 2, 3, 4, 5 und 6" (S. 117)

Spielen & bewegen

Mit diesen kleinen, lustigen Tieren können die Kinder schon im Spülbecken oder in einer Wasserschlüssel spielen. Natürlich sind dies auch schöne Spielzeuge für die Badewanne oder für das Planschbecken.

Wasserrad

Um dieses tolle Wasserrad zu basteln, schneiden die Kinder zunächst für die Schaufeln den Joghurtbecher vom Rand bis zum Boden in 6 ungefähr gleich große Teile und trennen den Boden ab. Der Boden des Bechers wird nicht benötigt.

Das Holzstäbchen stechen sie durch die Styroporkugel und schneiden mithilfe eines Erwachsenen mit einem Sägemesser rund um den Holzstab in regelmäßigen Abständen 6 Kerben in die Styroporkugeln.
Die schmalen Enden der Joghurtbecherteile stecken sie so in diese Kerben, dass alle Wölbungen in die gleiche Richtung zeigen. Fertig ist das Schaufelrad.

In den oberen Rand des Plastikgefäßes stechen die Kinder mit einem Dorn zwei gegenüberliegende Löcher. Die Löcher müssen so groß sein, dass sich das Holzstäbchen darin leicht drehen kann. In diese Löcher stecken sie das Wasserrad. Sie wickeln um die beiden Enden des Stäbchens jeweils einen Gummiring, damit das Rad nicht aus der Halterung rutschen kann.

Spielen & staunen

Und dann kann es sofort losgehen. Wasser marsch. Die Kinder richten einen Wasserstrahl aus dem Wasserhahn oder aus einer Gießkanne auf die Schaufelblätter und schon beginnt das Rad sich zu drehen. Das Wasserrad ist ein schönes Spielzeug für das Planschbecken und für die Badewanne, oder?

Korkenfloß

Die Kinder pieksen in die runde Fläche von zwei Korken mit einem Dorn jeweils oben ein Loch. Sie brechen ein kleines Stück von einem Zahnstocher ab und stechen das größere Stück zwischen die beiden Korken. Sie stechen ein Loch in einen weiteren Korken und verbinden ihn mit den beiden ersten Korken. Für jedes Floß fertigen die Kinder drei solcher Korkendreierreihen an.

Nun stechen die Kinder in jeden Korken in der Mitte ein Loch und verbinden die 3 Reihen mit Zahnstochern, sodass langsam ein Floß entsteht.
Das ist ein bisschen kniffelig, erfordert etwas Geduld und gegebenenfalls die Unterstützung eines Erwachsenen.

In die Mitte des Floßes stecken die Kinder als Mast ein Schaschlikstäbchen. Sie übertragen mithilfe der Schablonen „Korkenfloß 1 + 2" ein Segel und eine Fahne auf die Wellpappe und schneiden die Formen aus. Zur Befestigung am Mast pieksen sie zwei Löcher in das Segel und stecken das Schaschlikstäbchen durch die beiden Löcher. Das Fähnchen befestigen sie genauso.

Spielen & bewegen

Dieses tolle Korkenfloß können die Kinder sofort ins Wasser setzen und damit spielen. Natürlich braucht jedes Floß einen Kapitän. Damit die Kapitänsfigur nicht gleich ins Wasser fällt, befestigen die Kinder diese mit ein oder zwei Holzstäbchen am Floß. Dann kann die Floßfahrt losgehen …

Alter
ab 5 Jahren

Material
Weinkorken, Zahnstocher
Dorn, 1 Schaschlikstäbchen
Wellpappe, Schere
Filzstifte, evtl. Schablonen
„Korkenfloß 1 + 2" (S. 115)

Tipp
Mit weiteren Korken lässt sich das Floß auf gleiche Weise beliebig vergrößern. Vielleicht tun sich mehrere Kinder zusammen und bauen ein riesiges Floß, indem sie ihre vielen kleinen Floße miteinander verbinden …

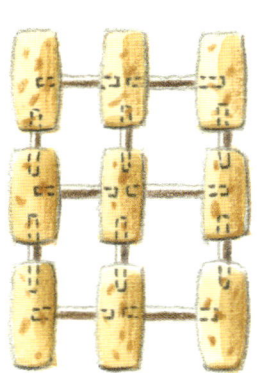

Alter
ab 6 Jahren

Material
buntes Papier (DIN A4)
Lineal
Bleistift
Schere
Watte
Klebstoff

Papierdampfer

Jedes Kind malt mit einem Bleistift und einem Lineal ein Quadrat von 21 x 21 cm auf das Papier, schneidet es aus und faltet es dann Schritt für Schritt nach folgender Anleitung:

1. Zwei gegenüberliegende Kanten des Quadrates aufeinanderlegen, an der Kante falten und wieder auseinander klappen
2. Die beiden anderen gegenüberliegenden Kanten aufeinanderlegen, falten und auseinanderklappen.
3. Alle 4 Spitzen zur Mitte falten, das Quadrat umdrehen.
4. Wieder alle 4 Spitzen zur Mitte falten und das Quadrat umdrehen.
5. Ein drittes Mal alle Spitzen in die Mitte falten und umdrehen.
6. Unter zwei gegenüberliegende Spitzen in der Mitte fassen, die Spitzen nach außen drücken und sie so als Schornsteine öffnen.
7. Die anderen beiden Spitzen als Schiffsrumpf von der Mitte nach außen ziehen, die beiden Schornsteine aufeinanderlegen und das Schiff einmal flachdrücken.
8. Als Dampf kleben die Kinder in die Schornsteine etwas Watte.

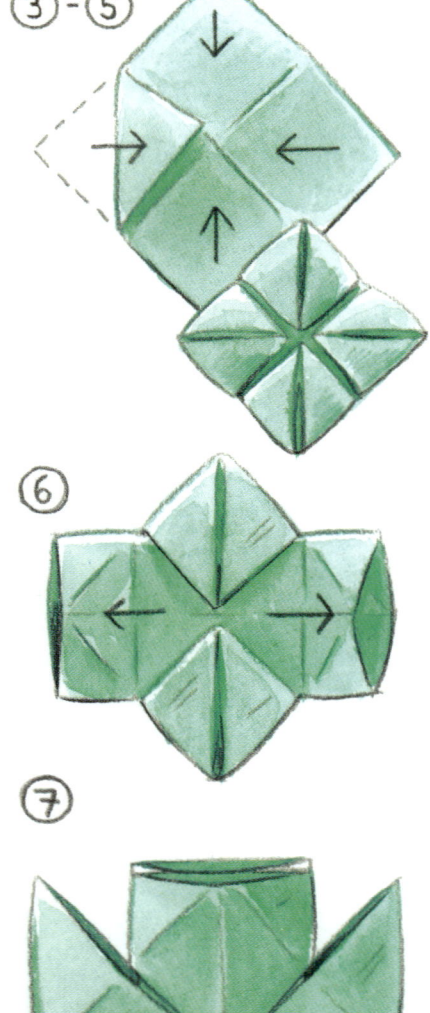

Spielen & bewegen

Die Kinder lassen die Dampfer vorsichtig zu Wasser – und wenn nicht zu hoher Seegang in Badewanne oder Planschbecken herrscht, können sie lange darin schwimmen. Natürlich sind die Dampfer auch ohne Wasser einsetzbar – die Kinder spielen damit auf dem Boden oder lassen sie als Tischdekoration zwischen Geschirr, Kaffee und Kuchen navigieren …

Es dreht sich und bewegt sich

Kreisel

Alter
ab 2 Jahren

Material
1 runder Bierdeckel
Fingerfarben
Dorn
1 Schaschlikstäbchen
1 Gummiband

Die Kinder malen einen runden Bierdeckel mit Fingerfarben bunt an. Sobald die Farbe getrocknet ist, stechen sie mithilfe eines Erwachsenen mit einem Dorn ein kleines, enges Loch ganz genau in die Mitte des Bierdeckels. Ein auf 8 cm gekürztes Schaschlikstäbchen stechen sie durch das Loch im Bierdeckel. Unterhalb des Bierdeckels wickeln sie ein kleines Gummiband mehrmals um das Holzstäbchen. Der Gummiring fixiert den Bierdeckeln an einer Stelle des Schaschlikstäbchens.

Bewegen & staunen

Nun testen die Kinder, wie lang die Spitze des Kreisels unten herausstehen muss, damit sich der Kreisel am besten dreht. Das Kreiseln ist gar nicht so einfach – aber Übung macht den Meister.

Kleinere Kinder haben meist mehr Spaß daran, einen von Erwachsenen oder anderen Kindern angedrehten Kreisel anzuhalten.

Fasziniert werden die Größeren feststellen, wie sich die Farben auf ihren Bierdeckeln durch die Drehung mischen, wenn er richtig in Schwung kommt.

Regenbogenrad

Für ein Regenbogenrad benötigt jedes Kind 9 in unterschiedlichen Farben angemalte Quadrate aus Filterpapier.

Die Kinder schneiden aus 5 weißen, noch doppelt liegenden Filtertüten ca. 7 x 7 cm große Quadrate zu. Diese malen sie in unterschiedlichen kräftigen Wasserfarbentönen an. Sobald die Blätter etwas getrocknet sind, legen sie diese zum weiteren Trocknen einzeln zwischen die Blätter einer dicken Zeitung.

Zum Glätten und zur letzten Trocknung der bunten Quadrate legen die Kinder sie zwischen zwei weiße Blätter Papier und bügeln sie mit der Unterstützung eines Erwachsenen glatt.

Acht der Quadrate falten die Kinder jeweils einmal diagonal.

Das 9. Quadrat falten sie einmal diagonal zur Hälfte und klappen es wieder auseinander. Dann falten sie die zweite Diagonale und klappen es wieder auseinander. Nun falten sie eine Seitenkante auf die gegenüberliegende Kante und wiederholen dies in die andere Richtung. Auf dem Blatt sind 8 Linien zu erkennen.

Die Kinder kleben ihre 8 gefalteten Dreiecke jeweils mit der langen Faltkante entlang der acht Linien auf das 9. Quadrat. (s. Abb.)

Spielen & bewegen

Das Regenbogenrad legen die Kinder in die Mitte eines glatten Tisches. Sie verteilen sich rund um den Tisch und pusten in das Regenbogenrad, sodass es sich drehend über den Tisch saust.

Alter
ab 3 Jahren

Material
5 weiße Filtertüten
Schere
Wasserfarben
Pinsel
Wasserglas
Bügeleisen
weißes Papier
Klebstoff

Wellenwindrad

Für das Wellenwindrad schneidet jedes Kind eine Klopapierrolle einmal längs durch. Vorsichtig biegen die Kinder die Papprolle auf. Eine Hälfte bleibt in der gebogenen Form unverändert und die andere Hälfte der Rolle formen die Kinder vorsichtig in die entgegengesetzte Richtung, sodass die gewünschte Form des Wellenrades entsteht.

In die Mitte des Windrades legen die Kinder ein Schaschlikstäbchen mit der stumpfen Seite nach oben und kleben es mit einem Stück Klebeband fest. Zur Verkleidung der Papprolle schneiden sie zwei verschiedenfarbige Stücke Regenbogenpapier zu und kleben diese auf die beiden Seiten der Papprolle.

Die Kinder schneiden ca. ein Drittel eines Strohhalms ab. Den größeren Teil knicken sie einmal zur Hälfte und umkleben ihn mit einem Stück Klebeband. Das ist die Halterung für das Wellenwindrad. Sie stecken das Schaschlikstäbchen in eine der beiden Öffnungen.

Bewegen & staunen

Den Strohhalm mit dem Windrad stecken die Kinder – am besten an einer regengeschützten Stelle – im Garten in die Erde oder in einen Blumentopf. Im Wind wird sich das Windrad dann schnell drehen. Natürlich können die Kinder ihr Rad auch durch ihr kräftiges Pusten selbst in Bewegung setzen.

Alter
ab 3 Jahren

Material
1 Klopapierrolle
Schere
1 Schaschlikstäbchen
Klebeband
Regenbogenpapier
Klebstoff
1 Strohhalm
Klebeband

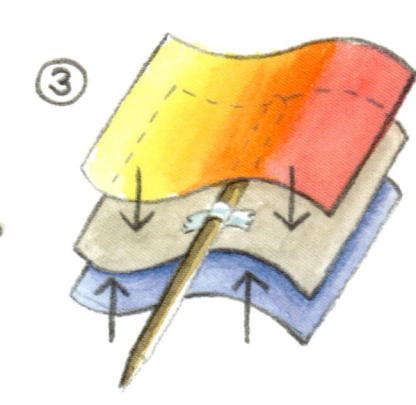

Spinne

Für die ovale Grundform des Spinnenkörpers schneiden die Kinder an zwei gegenüberliegenden Seiten mit der Schere etwas von dem Bierdeckel ab. Sie umwickeln den Bierdeckel ein paar Mal mit Wolle.

Sie schneiden vier ca. 25 cm lange Pfeifenputzerstücke ab und legen diese quer über die Spinne und wickeln sie als Spinnenbeine mit der Wolle ein.

Ist die Spinne dick genug, schneiden sie den Wollfaden ab und stecken das Ende einfach in den Spinnenkörper. Mit 2 kleinen Pfeifenputzerstücken formen die Kinder als Augen zwei Knubbel und befestigen diese mit den Enden der Pfeifenputzerstücke vorne an dem Spinnenkörper. Zum Schluss binden sie einen langen Gummifaden an die Spinne.

Bewegen & staunen

An diesem langen Faden hängen die Kinder die Spinne in ihr Zimmer unter die Decke oder ins Fenster. Sie ziehen die Spinne an dem Gummiband herunter, lassen sie wieder los und … die Spinne bewegt sich wie von selbst auf und ab.

Alter
ab 3 Jahren

Material
1 Bierdeckel, Schere, Wolle
Pfeifenputzer, Lineal
Gummifaden

Hampelküken

Einen der beiden runden Bierdeckel schneiden die Kinder in der Mitte durch. Die beiden halben und den ganzen Bierdeckel malen sie mit gelber Fingerfarbe an und lassen die Farbe trocknen.

Mithilfe der Schablone „Hampelküken 1" übertragen sie die Füße auf rotes Moosgummi und schneiden sie aus.

Sobald die Fingerfarbe getrocknet ist, stechen die Kinder mithilfe der Schablonen „Hampelküken 2 und 3" die Löcher in die 3 Bierdeckelteile. Sie legen die Flügel hinter den ganzen Bierdeckel, stechen 2 Musterklammern von vorne durch den ganzen Bierdeckel und jeweils durch die unteren Löcher in den Flügeln.

Alter
ab 4 Jahren

Material
2 runde Bierdeckel, Schere
gelbe Fingerfarbe, Dorn
2 Musterklammern
rotes Moosgummi, Tacker
1 bunte Feder
wasserfeste Filzstifte
Band, 1 Holzperle
Schablone „Hampelküken 1, 2
und 3" (S. 118)

Die Klammern müssen so locker befestigt werden, dass die Flügel von alleine locker herunterfallen. Mit dem Tacker befestigen die Kinder die Füße unten und die Feder oben am Kopf des Kükens.

Mit wasserfesten Filzstiften malen sie Augen und den Schnabel auf das Küken.

Die Kinder schneiden ein ca. 60 cm langes Band ab und ziehen es bis zur Mitte hinten durch die oberen beiden freien Löcher in den Flügeln des Kükens. Sie klappen die beiden Flügel waagerecht nach außen und knoten die beiden Fäden mit einem Knoten zusammen. Ca. 25 cm darunter knoten die Kinder eine Holzkugel fest.

Oben in den Bierdeckel stechen die Kinder ein weiteres Loch und knoten dort einen doppelten Faden zum Aufhängen des Hampelkükens an.

Bewegen & staunen

Dieses lustige Hampelküken hängen die Kinder in ihrem Zimmer an einen Haken. Nun ziehen sie vorsichtig an der Holzperle und das Küken beginnt mit den Flügel zu flattern.

Kunstturner

Mithilfe der Schablone „Kunstturner" übertragen die Kinder die Figur des Kunstturners auf den festen Karton und schneiden sie aus. Sie malen die Figur mit Filzstiften lustig an.

Auf die Rückseite des Turners kleben sie auf die Handflächen jeweils eine 10-Cent-Münze zunächst mit Klebstoff und zusätzlich mit einem Klebebandstreifen fest.

Spielen & staunen

Nun können die Kinder ihren Kunstturner kopfüber auf ihrer Fingerspitze balancieren lassen. Damit der Turner senkrecht auf der Fingerspitze balanciert, biegen die Kinder den Unterkörper des Männchens etwas nach vorne.
Der Kunstturner kann auch auf einer Pappkartonkante, auf einer Flasche oder einem gespannten Faden balancieren …

Alter
ab 4 Jahren

Material
feste Pappe, Schere, Filzstifte
2 Münzen (10-Cent)
Klebstoff, Klebeband
Schablone „Kunstturner"(S. 118)

Drehbilder

Jedes Kind malt mit einem Bleistift und einem runden Bierdeckel zwei Kreise auf das einfarbige, helle Papier. Die Kinder schneiden die beiden Kreise aus und kleben sie von beiden Seiten auf den Bierdeckel. Mit einem Dorn stechen sie zwei sich gegenüberliegende Löcher in den Bierdeckel. Sie schneiden zwei ungefähr 70 cm lange Stücke von dem reißfesten Band ab und knoten jeweils die Enden der beiden Fäden zusammen. Sie ziehen die Mitte der doppelten Bänder ein kleines Stück durch die beiden Löcher im Bierdeckel, stecken die Enden der Bänder durch die so entstandenen Schlaufen und ziehen die Bänder fest.

Nun legen die Kinder den Bierdeckel vor sich hin, sodass die beiden Bänder rechts und links liegen. Sie malen mit einem dunklen Filzstift – je nach gewähltem Motiv – entweder einen großen Vogelkäfig oder ein großes dickes Glas als Aquarium mitten auf den Bierdeckel. Dann drehen sie den Deckel um, sodass der Boden des Käfigs oder des Glases auf der Rückseite des Bierdeckels nach oben zeigt. Jetzt

Alter
ab 5 Jahren

Material
1 runder Bierdeckel
einfarbiges, helles Papier
Bleistift, Schere
Klebstoff, Filzstifte
Dorn, reißfestes Band

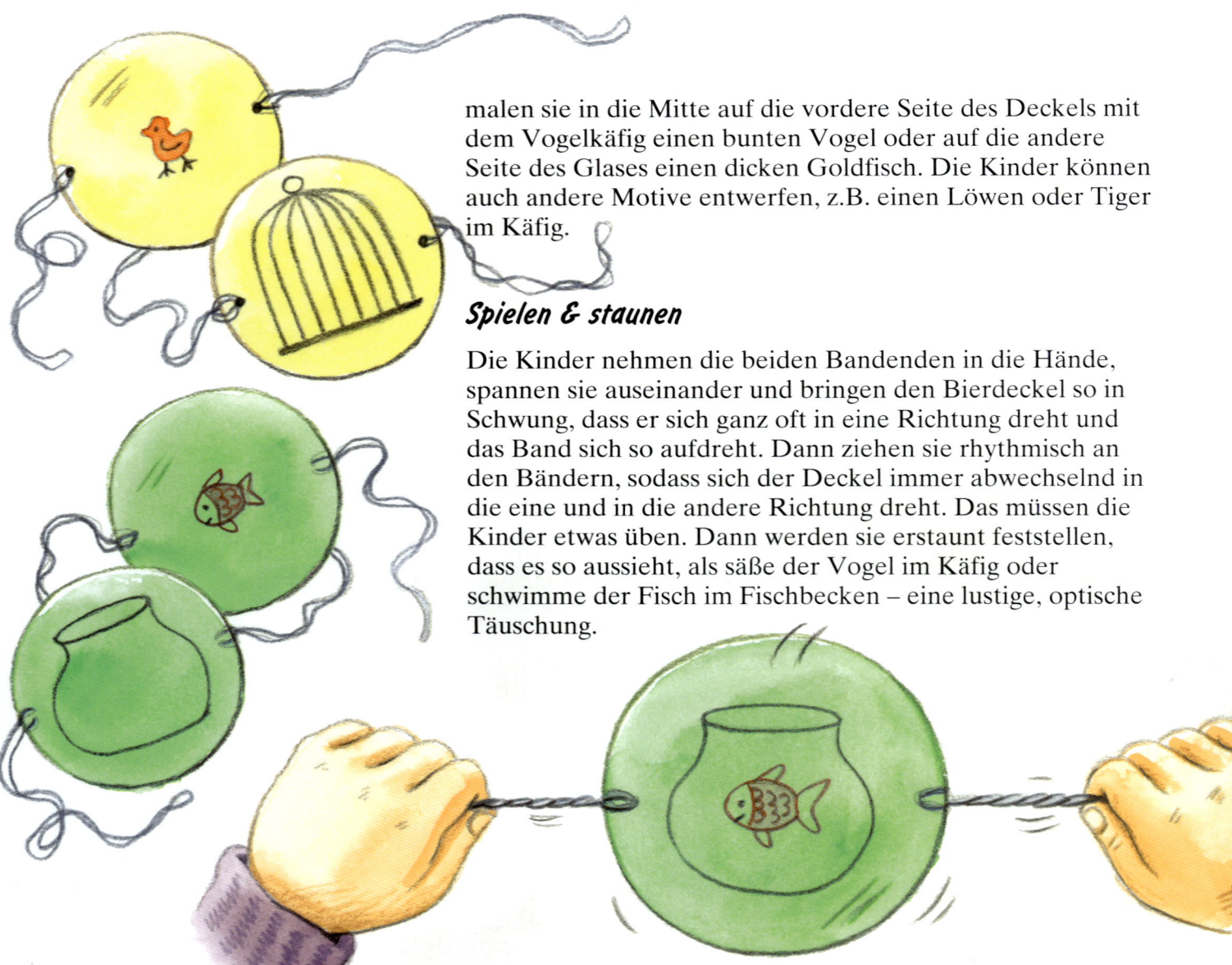

malen sie in die Mitte auf die vordere Seite des Deckels mit dem Vogelkäfig einen bunten Vogel oder auf die andere Seite des Glases einen dicken Goldfisch. Die Kinder können auch andere Motive entwerfen, z.B. einen Löwen oder Tiger im Käfig.

Spielen & staunen

Die Kinder nehmen die beiden Bandenden in die Hände, spannen sie auseinander und bringen den Bierdeckel so in Schwung, dass er sich ganz oft in eine Richtung dreht und das Band sich so aufdreht. Dann ziehen sie rhythmisch an den Bändern, sodass sich der Deckel immer abwechselnd in die eine und in die andere Richtung dreht. Das müssen die Kinder etwas üben. Dann werden sie erstaunt feststellen, dass es so aussieht, als säße der Vogel im Käfig oder schwimme der Fisch im Fischbecken – eine lustige, optische Täuschung.

Purzelmann und Purzelfrau

Jedes Kind steckt eine dicke Glasmurmel in eine Überraschungseihülle. Sie falten einen Filzbogen in der Mitte zusammen und übertragen mithilfe einer der beiden Schablonen „Purzelmann" oder „Purzelfrau" ihre Figur mit einem Kugelschreiber auf den Filz. Dazu legen sie die Figur mit der Schulterlinie an die geschlossene Kante.

Dann schneiden sie die Figur doppelt aus. Sie klappen das Filzstück auseinander und schneiden den Halsausschnitt aus. **Achtung:** Dieser darf auf keinen Fall zu groß werden.

Alter
ab 5 Jahren

Material
1 Hülle von einem
Überraschungsei
1 dicke Glasmurmel
Filz, Kugelschreiber
Schere, Klebstoff
wasserfeste Filzstifte
Schablonen „Purzelmann" oder
„Purzelfrau" (S. 119)

Nun stecken die Kinder die Überraschungseihülle als Kopf in die
Ausschnittöffnung. Sie kleben die
beiden Körperteile aufeinander und
drücken die beiden Filzhälften –
vor allem rund um den Kopf –
fest aufeinander.
Mit wasserfesten Filzstiften malen sie ein Gesicht
und Haare auf die Plastikhülle.

Spielen & bewegen

Zum Kullern benötigen die Kinder eine
schiefe Ebene mit einer rauen Oberfläche.
Sie legen ihre Purzelmänner und
Purzelfrauen oben auf das Brett und
geben ihnen einen kleinen Schubs ...
und schon kullern die Purzelfiguren
das Brett hinunter.

  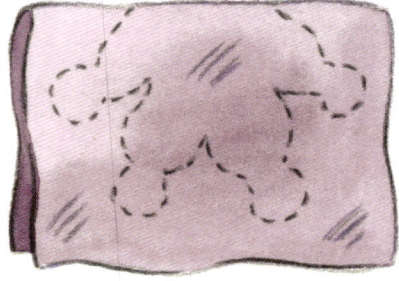 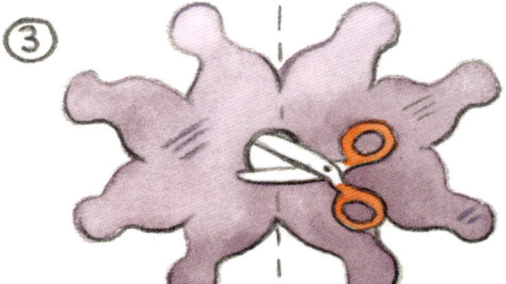

Stehaufmännchen

Mithilfe eines Erwachsenen schneiden die Kinder mit einem
Sägemesser ein Kreuz in den Tennisball. Durch dieses Loch
stopfen sie so viel Bleiband, dass der Tennisball halb gefüllt
ist. Den übrigen Teil des Tennisballes füllen sie mit Watte auf.

Die Kinder übertragen mithilfe der Schablone „Stehaufmännchen" die Form für den Hut auf Fotokarton und
schneiden sie aus. Sie drehen die Form zu einem spitzen
Hut, sodass er gut auf den Tennisball passt. Sie kleben und
tackern den Hut zusätzlich hinten zusammen.

Dann kleben die Kinder den Hut mit viel Klebstoff so auf
den Tennisball, dass die Öffnung in dem Ball verschwindet
und der Hut des Männchens ganz senkrecht in die Luft zeigt.

Alter
ab 4 Jahren

Material
1 Tennisball, Sägemesser
Gardinenbleiband, Watte
Fotokarton, Schere
Tacker, Klebstoff, Filzstifte
Schablone „Stehaufmännchen"
(S. 123)

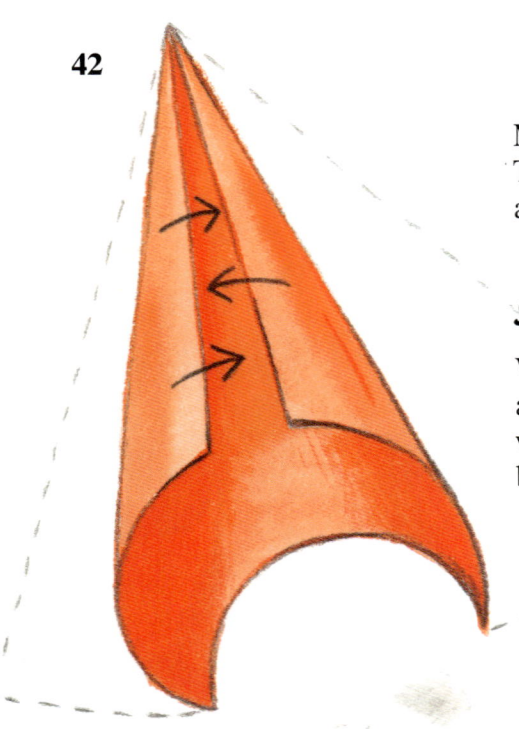

Mit Filzstiften malen sie ein Gesicht auf den Tennisball und kleben eine kleine Wattekugel auf die Hutspitze.

Spielen & bewegen

Wenn die Kinder nun ihre Stehaufmännchen anstoßen, wackeln diese hin und her, bis sie wieder in der Ausgangsposition stehen bleiben.

Mix-Max-Mobile

Alter
ab 5 Jahren

Material
Fotokarton
Bleistift
Schere
Lineal
Filzstifte
Nadel und Faden
Schablonen „Mix-Max-Mobile 1 + 2" (S. 122)

Mithilfe der beiden Schablonen „Mix- Max- Mobile 1 + 2" übertragen die Kinder die beiden Formen auf den Fotokarton und schneiden diese entlang der Umrisse aus.

Sie malen die in der Schablone 1 gekennzeichneten vier Orientierungslinien mit dünnen Bleistiftlinien auf die Figur. Nun legen die Kinder ihre Figur mit gleichem Abstand zu allen Seiten auf die ausgeschnittene Grundform 2. Sie malen mit dem Bleistift rund um die Figur, legen ein Lineal nacheinander über die vier markierten Linien der Form 1 und malen die Linien über die ganze Breite auch auf die Grundform 2. (Das sind die Linien an denen das Mobile erst ganz zum Schluss auseinandergeschnitten wird.) Das gleiche wiederholen sie möglichst genau seitenverkehrt auf der anderen Seite.

Jetzt malen die Kinder auf die beiden Seiten zwei ganz unterschiedliche Figuren, mit unterschiedlichen Haaren, Gesichtern und auffällig anderer Kleidung. Der Unterschied ist für den späteren Effekt sehr wichtig. Die Linien zeigen an, wo die Haare, das Gesicht, der Oberkörper und Rock bzw. Hose und Beine anfangen und enden sollen. Diese Linien müssen die Kinder unbedingt einhalten.

Wenn beide Figuren fertig gemalt sind, schneiden die Kinder ihre Figuren entlang der Linien in vier Teile. Mithilfe einer Nadel und Nähgarn werden nun die vier Teile mit etwas Abstand zueinander wieder miteinander verbunden.

Das ist eine knifflige Angelegenheit, deshalb ist hier bestimmt die Unterstützung eines Erwachsenen erforderlich. Zum Aufhängen wird oben ein langes Stück Nähgarn befestigt.

Bewegen & staunen

Hängen die Kinder dieses lustige Mix-Max-Mobile im Raum auf, können sie zusehen, wie ihr Mobile laufend das Aussehen wechselt, wie die Figuren ihre Haare, ihre Gesichter und ihre Kleidung wechseln.

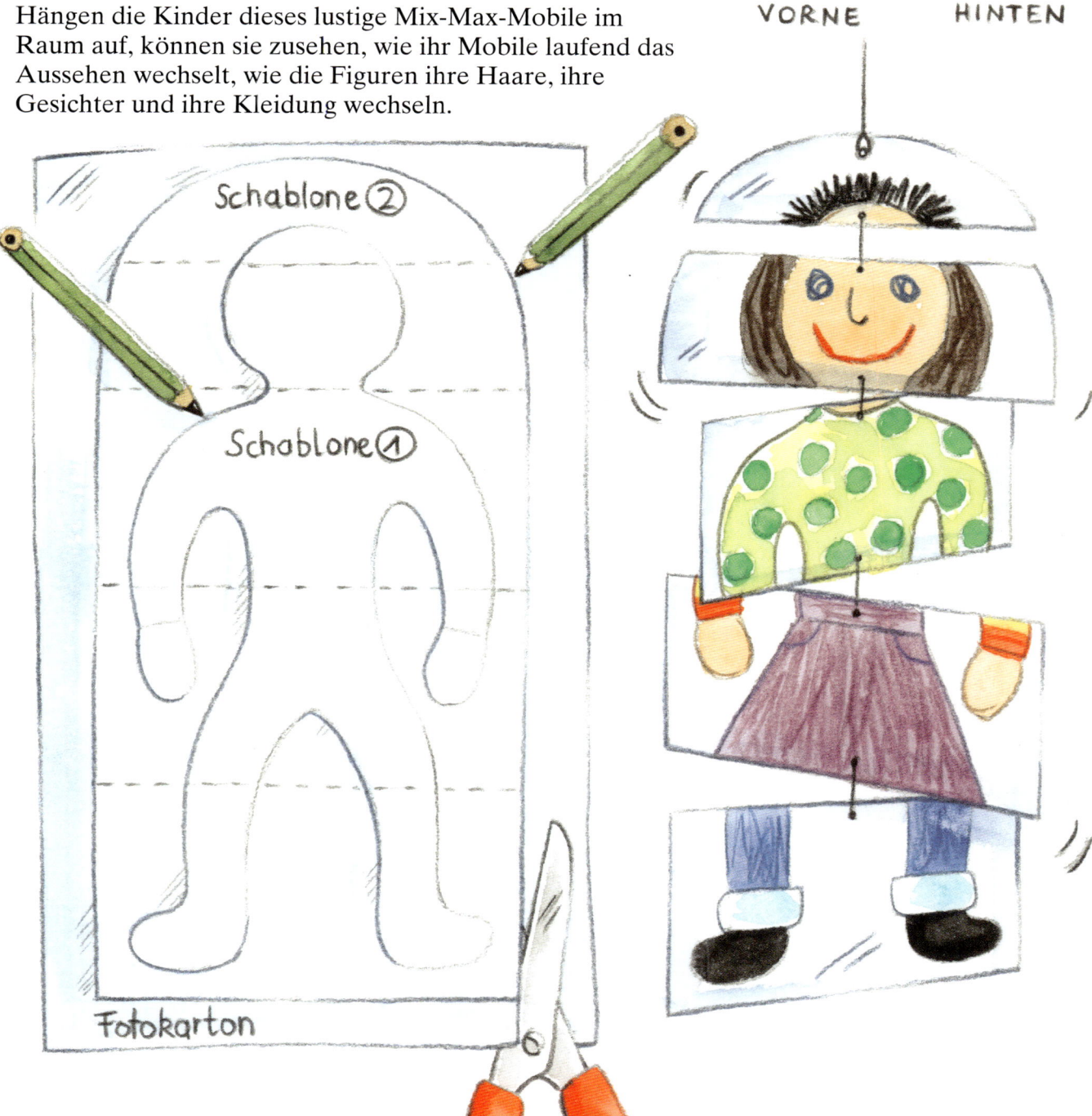

VORNE   HINTEN

Schablone ②

Schablone ①

Fotokarton

Alter
ab 5 Jahren

Material
weißer Fotokarton, Zirkel
Schere, kleine, spitze Schere
kleine Aufkleber
Nadel und Nähgarn

Ringmobile

Die Kinder setzen mithilfe eines Erwachsenen den Zirkel genau in der Mitte des Fotokartons und ziehen zuerst den großen Kreis mit einem Radius von 10 cm, so entsteht der größte Kreis mit einem Durchmesser von 20 cm. Von dem gleichen Mittelpunkt aus ziehen sie dann einen zweiten Kreis mit 7 cm, einen dritten Kreis mit 6 cm, einen vierten Kreis mit 3 cm und einen fünften Kreis mit 2 cm Radius.

Gebraucht werden nur der äußere, der mittlere und der innere Kreis. Die Kinder schneiden die Kreise mit der kleinen spitzen Schere entlang der Bleistiftlinien aus, dabei dürfen sie ruhig in die beiden schmalen – nur 1 cm breiten – Ringe stechen, da diese zum Schluss weggeworfen werden.

Die drei Ringe bekleben die Kinder von beiden Seiten mit kleinen Aufklebern. Mit Nadel und Faden werden dann die drei Kreise so miteinander verbunden, dass sich die inneren Kreise frei drehen können. Dabei ist vermutlich die Hilfe eines Erwachsenen erforderlich. Zum Schluss befestigen die Kinder einen langen Faden zum Aufhängen des Mobiles oben an dem großen Kreis.

Bewegen & staunen

Es macht Spaß, sich dieses Mobile einfach nur anzusehen und zu beobachten, wie sich die drei Kreise ineinander drehen.

Windmühle

Für die Windmühle schneiden die Kinder ein Quadrat mit einer Seitenlänge (je nach gewünschter Windmühlengröße) von 15-25 cm aus Fotokarton zu.

Sie legen zwei gegenüberliegende Spitzen des Quadrates aufeinander, falten es diagonal und klappen es wieder auseinander. Dann falten sie die andere Diagonale und klappen auch diese wieder auseinander. Entlang der Diagonalen schneiden sie das Papier von allen 4 Spitzen aus ca. 2/3 der Strecke von der Spitze bis zum Mittelpunkt ein. Jede zweite Spitze biegen die Kinder nun zur Mitte, legen sie übereinander und tackern (oder kleben) sie zusammen. Mit einem Dorn stechen sie ein Loch durch die vier zusammengetackerten Spitzen und durch den Mittelpunkt des Quadrates.

Die Kinder biegen eine große Büroklammer ganz gerade auseinander. Sie stecken eine Perle auf das eine Ende des Drahtes und biegen ein Drahtende zur Befestigung um die Perle. Das andere Ende des Drahtes stecken sie von vorne nach hinten durch die vorgebohrten Löcher in der Mühle, fädeln eine Perle auf und wickeln das Drahtende spiralförmig fest um den Holzstab.

Alter
ab 5 Jahren

Material
Fotokarton (gemustert)
Schere, Tacker (oder Kleber)
Dorn, 1 große Büroklammer
2 kleine Perlen
1 Holzstab (ca. 40 cm lang)
evtl. kleine Aufkleber

Hinweis
In Bastelgeschäften gibt es sehr schöne Muster von Fotokarton für solche Bastelarbeiten. Einfarbigen Fotokarton können die Kinder mit kleinen, lustigen Aufklebern verzieren.

Spielen & staunen

Die Kinder nehmen ihre Windmühlen in die Hand und laufen mit ihr durch die Gegend. Durch den Windzug beginnt sich die Mühle sofort zu drehen. Natürlich können die Kinder ihre Mühlen auch im Garten oder auf dem Balkon an einem regengeschützten Platz in die Erde stecken und warten, bis der Wind die Mühle in Bewegung setzt.

Laufender Igel

Mithilfe der Schablonen „Laufender Igel 1 und 2" übertragen die Kinder die beiden Formen auf beigefarbenen und braunen Fotokarton. Diese Formen schneiden sie aus. Mit Filzstiften malen sie dem Igel ein Auge und den Mund auf.

Nun halten sie die Form mit den Beinen so hinter den Igel, dass nur zwei der Beine ungefähr in der Mitte der unteren Linie zu sehen sind. Sie stechen mit dem Dorn von hinten gleichzeitig durch die Kreismitte mit den Beinen und durch den Igel. Durch dieses Loch stecken sie von vorne eine Musterklammer und biegen die Klammer hinten auseinander.

Alter
ab 6 Jahren

Material
Fotokarton (beige und braun)
Schere
Filzstifte
Dorn
1 Musterklammer
Schablonen „Laufender Igel
1 und 2" (S. 116)

Spielen & staunen

Wenn die Kinder den Igel nun vorsichtig auf eine raue Fläche (Tischdecke oder Teppich) setzen und ihn langsam nach vorne schieben, dreht sich das Rad mit den Beinen und es sieht aus, als würde der Igel richtig laufen – ein lustiger Effekt.

Vorhang auf –
das Puppenspiel beginnt

Sprechende Tennisbälle

Ganz vorsichtig schneiden die Kinder mithilfe eines Erwachsenen mit dem Sägemesser einen Schlitz als Mund in den Tennisball. Das ist gar nicht so einfach!

Ist das geschafft, gestalten die Kinder ihre sprechenden Köpfe:

- Sie malen mit Filzstiften Augen und Nase auf die Bälle.
- Sie schneiden Wollfäden als Haare zurecht und kleben diese mit einem Stück Klebeband an den Kopf.
- Besonders lustig ist der quakende Frosch. Dafür reiben die Kinder den Tennisball ganz mit grüner Fingerfarbe ein, lassen die Farbe trocknen und malen dann mit einem schwarzen Filzstift dicke Froschaugen auf.
- Soll der Tennisball Federn auf dem Kopf haben, sticht ein Erwachsener mit einem Dorn ein Loch oben in den Ball und schneidet den Tennisball kreuzweise ein. So kann der Federschmuck von den Kindern eingesteckt werden.

Spielen & staunen

Die Kinder haben meist schon, bevor die sprechenden Tennisbälle ganz fertig sind, großen Spaß mit diesen lustigen Gesellen. Denn drücken sie einen Tennisball rechts und links neben dem Mund nur etwas zusammen, beginnt der Ball schon zu sprechen oder singen – natürlich nur, wenn die Kinder ihn stimmlich unterstützen.

Alter
ab 3 Jahren

Material
Tennisbälle
Sägemesser
Filzstifte
Wolle
Schere
Klebeband
Federn
Dorn
Fingerfarben

Frösche und Enten aus Papptellern

Für den Frosch klappen die Kinder einen Pappteller einmal in der Mitte zusammen, sodass die Unterseite des Tellers innen liegt. Auf der Mittellinie schneiden sie den Teller auf beiden Seiten ca. 3 cm ein.

Einen zweiten Pappteller schneiden sie in der Mitte durch. Nun tackern sie die beiden Hälften so gegen den Rand des ganzen Tellers, dass die Innenseiten der Teller aufeinander liegen. Stecken die Kinder den Daumen in die eine Öffnung und die Finger in die andere, kann der Teller schon quaken – noch bevor der Frosch Augen hat und grün angemalt ist.

Alter
ab 3 Jahren

Material
Pappteller
Schere
Tacker
Fingerfarben
Pinsel
Styroporkugel (5 cm dick)
doppelseitiges Klebeband

Für die Ente klappen die Kinder zwei Pappteller in der Mitte mit der Unterseite aufeinander. Sie schneiden beide Teller auf der Mittellinie jeweils 3 cm ein und tackern beide Teller an einer Hälfte zusammen.

Sie schneiden einen dritten Teller in der Mitte durch und tackern eine Hälfte davon gegen eine noch freie Tellerhälfte. Und fertig ist die Quak-Ente.

Die Kinder malen ihre Tiere mit Fingerfarben an und lassen die Farbe trocknen.

Für den Frosch schneiden sie anschließend mithilfe eines Erwachsenen eine Styroporkugel mit einem Sägemesser in der Mitte durch. Die Kugelhälften malen sie mit schwarzer Fingerfarbe an. Sie schneiden 2 Stücke doppelseitiges Klebeband ab und kleben die Stücke unter die beiden Kugelhälften. Sobald die Fingerfarbe getrocknet ist, kleben sie die Kugelhälften als Augen mit dem doppelseitigen Klebeband auf den Froschkopf.

Spielen & staunen

Sobald die Farbe der Papptellerfiguren getrocknet ist, können die Kinder mit ihren Handpuppen spielen: Sie lassen die Figuren quaken, quietschen und miteinander sprechen …

Alter
ab 3 Jahren

Material
1 kleiner, dünner Mullhandschuh (Apotheke oder Drogeriemarkt)
wasserfeste Filzstifte, Wollreste
Schere, Nadel und Garn
breites Schleifenband

Handschuhpuppen

Die Kinder ziehen einen Handschuh auf die Hand und malen mit wasserfesten Filzstiften lustige Gesichter – gut gelaunte und grimmige Gesichter.

Am besten tun sich zwei Kinder zusammen, ein Kind zieht den Handschuh an und das andere Kind bemalt es. Nun können die Kinder ganz nach ihren Vorstellungen Haare aufmalen oder Wollfäden mit der Nadel durch die Fingerspitzen ziehen und anknoten. Sie können sogar einen Faden oben durch ein Stück breites Schleifenband ziehen, es kräuseln und als Rock an eine Fingerpuppe nähen. Der Fantasie sind da kaum Grenzen gesetzt.

Spielen & staunen

Die Kinder ziehen ihre Handschuhe an und lassen ihre Figuren miteinander sprechen, streiten, turnen und tanzen …

Kochlöffeltütenpuppe

In die Spitze des Söckchens schneiden die Kinder ein kleines Loch und stecken den Kochlöffelstiel hindurch. Zur
Befestigung des Sockens an dem Kochlöffelstiel ziehen die
Kinder den Socken auf links über den Kochlöffelkopf,
umwickeln die Sockenspitze mit festem Band und verknoten dieses so, dass das Söckchen fest am Hals der Kochlöf-
felpuppe sitzt.

In den Boden des Bechers schneiden sie mit der Schere ein
großes Loch. Sie ziehen das Söckchen wieder auf die rechte
Seite, stecken den Löffelstiel in den Becher und ziehen den
Strumpfrand über die Becheröffnung.

Mit wasserfesten Filzstiften malen die Kinder ein Gesicht
auf den Löffel. Sie schneiden Haare aus Wollresten zu und
kleben diese an den Kopf.

Spielen & staunen

Das Puppentheater kann sofort losgehen: Die Kinder
wackeln mit dem Kochlöffel hin und her und lassen die Puppen so zum Leben erwachen. Wenn sie den Löffel in den
Becher herunterziehen, ist die Puppe ganz verschwunden.

Alter
ab 3 Jahren

Material
1 Kindersocke
Schere
1 Kochlöffel
festes Band
1 großer, weißer Joghurt- oder
Trinkbecher
wasserfeste Filzstifte
Wollreste
Klebstoff

Alter
ab 4 Jahren

Material
dünner, weißer Stoff (55 x 55 cm)
Schere, Watte
1 Gummiband
schwarzer Filzstift
Holzstab (ca. 25 cm lang)
evtl. Säge, Nähgarn
Nadel, Klebeband

Gespenstermarionette

Jedes Kind benötigt ein Stück dünnen, weißen Stoff ungefähr in der Größe von 55 x 55 cm. Für den Kopf des Gespenstes rollen die Kinder aus Watte eine dicke Kugel, legen sie in die Mitte des zugeschnittenen Stoffes und spannen den Stoff darüber. Sie wickeln das Gummiband ein paar mal um den Hals des Gespenstes und malen ihm mit dem Filzstift dicke Augen in das Gesicht.

Für die Aufhängung sägen die Kinder mithilfe eines Erwachsenen einen ungefähr 25 cm langen Holzstab zurecht. Sie fädeln ein Stück Nähgarn in eine große Nähnadel, ziehen den Faden mit der Nadel oben am Kopf durch den Stoff und knoten das Fadenende dort fest. Das andere Ende des Fadens knoten die Kinder in einem Abstand von ca. 20 cm in der Mitte an den Holzstab. Die Kinder nähen an die beiden seitlichen Stoffzipfel jeweils einen weiteren Nähgarnfaden. Diese Fäden knoten sie rechts und links an den Holzstab. Die beiden Fäden sollen einerseits so lang sein, dass der Stoff des Gespenstes ganz herunterhängt und anderseits die Fäden locker gespannt an dem Holzstock angeknotet sind. Damit die Fäden an dem Holzstock nicht verrutschen, kleben die Kinder über jedes Fadenende am Stock ein Stückchen Tesafilm.

Spielen & bewegen

Sofort kann das Gespenstermarionettenspiel beginnen. Die Kinder halten ihre Gespenster am Holzstock fest und lassen sie so durch den Raum fliegen. Wenn sie an einem der beiden seitlichen Fäden ziehen, bewegt sich das Gewand der Gespenster so richtig gespensterhaft.

Raupenmarionette

Die Kinder bekleben die Klopapierrolle mit farbigem Papier.

Mit dem Dorn bohren sie an einem Ende der Rolle zwei Löcher für die Hörner der Raupe. Sie schneiden ein Stück Pfeifenputzer ab, stecken es in das eine Loch hinein und ziehen es an dem anderen Loch wieder heraus. Auf jedes Hornende stecken sie eine kleine Holzperle.

Unten am Bauch der Raupe bohren die Kinder 2 Lochreihen mit jeweils 4 oder 5 Löchern. Sie schneiden für jedes Beinpaar ein Stück von dem Garn ab, knoten an ein Ende des Fadens eine Holzperle und fädeln das andere Ende in eine dicke Nadel. Mithilfe dieser Nadel ziehen sie den Faden zunächst einmal und dann zur Befestigung ein zweites Mal durch 2 gegenüberliegende Löcher. Sie ziehen den Faden mit der Nadel so weit durch die Raupe, dass das erste Bein mit der Perle, die richtige Länge hat und nehmen die Nadel ab. An das Fadenende knoten sie nun eine zweite Perle und achten dabei darauf, dass die beiden Beine ungefähr gleich lang sind. So befestigen sie nun 4 oder 5 Beinpaare an der Raupe, die alle ungefähr die gleiche Länge haben.

Alter
ab 4 Jahren

Material
1 Klopapierrolle, Dorn, Schere
Pfeifenputzer, Holzperlen
Garn, 1 dicke lange Nadel
1 Schaschlikstäbchen
evtl. farbiges Papier und Klebstoff

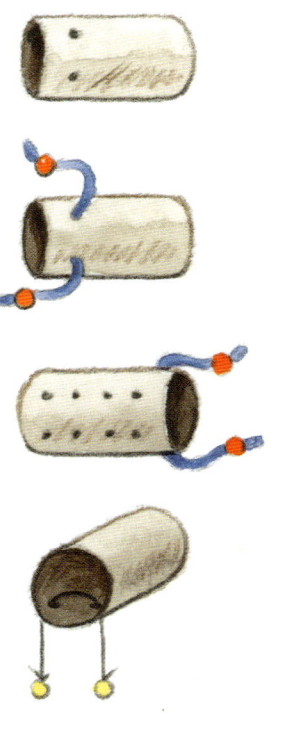

Die Kinder kürzen das Schaschlikstäbchen an der Spitze auf die Länge der Papprolle.

Mit dem Dorn stechen sie zwei Löcher in den Raupenrücken, ziehen ein ca. 60 cm langes Band durch und knoten die beiden Enden rechts und links an das Holzstäbchen.

Spielen & bewegen

Und schon können die Kinder ihre Raupenmarionetten zusammen hüpfen, springen und tanzen lassen …

Alter
ab 4 Jahren

Material
1 Streichholzschachtel
Schere
buntes Papier
Klebstoff
Filzstifte

Streichholz-Minitheater

Die Hülle der Streichholzschachtel kürzen die Kinder mit der Schere auf die Hälfte. Von der Schublade der Streichholzschachtel schneiden sie eine kurze Wand ab. Die Schublade kleben sie in die halbe Schachtelhülle. Nun bekleben sie den unteren Teil des Minitheaters mit buntem Papier und malen es mit Filzstiften an. Sie schneiden einen roten Papierstreifen zu, den sie als Dach an die Schachtel kleben.

Bewegen & staunen

Die Kinder stecken den Mittel- und Ringfinger von unten in die Schachtel und malen sich mit Filzstiften kleine Gesichter auf ihre Finger. Wenn sie dann mit ihren Fingerspitzen in der Schachtel wackeln, erwacht das Minitheater zum Leben.

HÜLLE   SCHUBLADE

Fingerpuppen aus Streichholzschachteln

Für diese Fingerpuppen werden nur die äußeren Hüllen der Streichholzschachteln benötigt. Zur Verkleidung der Schachteln schneiden die Kinder einfarbige Papierstücke zurecht und kleben diese um die Schachteln.

Für einen bunten Vogel schneiden sie aus rotem Papier einen Schnabel zu und kleben ihn an eine der schmalen Seiten der Schachtel. Als Schwanz kleben sie mit einem Stück Klebeband eine bunte Feder an die andere Schmalseite der Schachtel fest. Mit Filzstiften malen sie die Augen auf.

Für die anderen Fingerpuppen schneiden sie kleine Wollfäden zu und kleben sie oben in die Schachtel. Die Gesichter malen sie mit Filzstiften auf.

Lustig ist es auch, wenn die Kinder an den Figuren vorne einen Wollfaden als Beine durch zwei Löcher in der Schachtel ziehen und an die Enden zwei kleine Perlen als Füße knoten.

Spielen & staunen

Die Kinder stecken die Schachteln auf ihre Finger und lassen die Puppen miteinander sprechen, tanzen und singen. Besonders gut geeignet sind sie auch zur Begleitung von Fingerspielen.

Alter
ab 4 Jahren

Material
leere Streichholzschachteln
buntes Papier, Schere
Klebstoff, Filzstifte
Federn, Klebeband
Wollreste, kleine Perlen

Alter
ab 4 Jahren

Material
1 kleine, dünne Pappröhre
evtl. Sägemesser
1 Styroporkugel
Klebstoff
Filz, Schere
wasserfeste Filzstifte
Wollreste
Klebeband

Fingerpuppe

Für eine Fingerpuppe benötigt jedes Kind eine ca. 5 bis 7 cm lange, dünne Röhre. Sollten nur lange, dünne Röhren zur Verfügung stehen, können diese mit einem Sägemesser in mehrere kleine Röhren zersägt werden.

Die Kinder drücken eine Styroporkugel als Kopf auf die Pappröhre und befestigen diese zusätzlich mit Klebstoff an der Röhre. Sie schneiden ein Stück Filz zurecht, das sie als Kleid um die Röhre kleben. Mit wasserfesten Filzstiften malen sie ein Gesicht auf die Styroporkugel und vielleicht ein Paar Knöpfe auf das Filzkleid.

Aus Wollresten schneiden sie Haare zurecht und kleben diese mit Klebeband und Klebstoff auf den Kopf.

Spielen & bewegen

Die Kinder stecken ihre Fingerpuppen auf den Zeigefinger und beginnen ihr kleines Puppentheaterspiel. Der Rest läuft ganz von selbst. Die Kinder sprechen und singen mit ihren Fingerpuppen oder begleiten mit ihnen ein Fingerspiel.

Lustige Raupe

Mit Bleistift und Lineal malen die Kinder ganz viele 3 cm breite Streifen auf das Papier und schneiden diese aus. Je länger die Papierstreifen sind, umso besser. Verwenden die Kinder DIN A4-Papier, benötigt jedes Kind auf jeden Fall 2 DIN-A4-Blätter, die in 3 cm- Streifen zerlegt werden.

Die Kinder kleben zwei Streifen im rechten Winkel aufeinander.
Sie falten immer abwechselnd einen Streifen über den anderen. Wenn die Papierstreifen zu Ende gefaltet sind, kleben sie einen neuen Streifen zur Verlängerung an. Das wiederholen sie so lange, bis die Raupe ungefähr 40 cm lang ist. Die Enden der letzten Papierstreifen kleben sie wie zu Anfang zusammen.

Vorne malen die Kinder der Raupe zwei Augen auf und tackern ein paar Wollfäden als Schwanz an das Ende. Als Fühler schneiden die Kinder ein Stück Pfeifenputzer zurecht, stechen zwei Löcher in den Kopf und ziehen das Pfeifenputzerstück hindurch.

Mit Klebeband befestigen sie zwei Schaschlikstäbchen an der Raupe und fertig ist die lustige Raupe als Stabhandpuppe.

Spielen & bewegen

Die Beweglichkeit der Papierraupe wird sofort deutlich, wenn die Kinder ihre Raupe an den Stäben festhalten und diese hin und her bewegen. Die Raupe kann sich klein und groß machen, sie kann sich hin und her schlängeln und sich sogar selbst in den Schwanz beißen.

Alter
ab 5 Jahren

Material
großes, buntes Papier
Bleistift, Lineal
Schere, Klebstoff
Filzstifte, Wollreste
Tacker, Pfeifenputzer
2 Schaschlikstäbchen
Klebeband

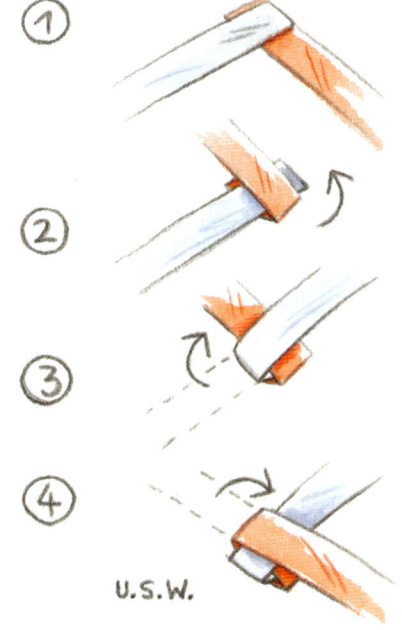

① ② ③ ④ U.S.W.

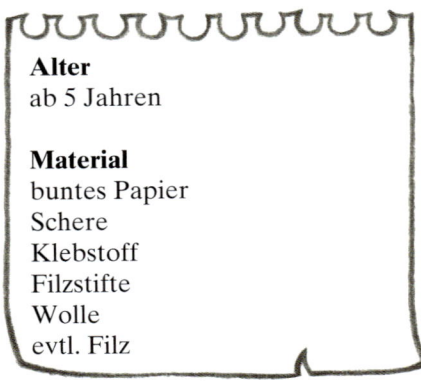

Alter
ab 5 Jahren

Material
buntes Papier
Schere
Klebstoff
Filzstifte
Wolle
evtl. Filz

Wilde Papiertiere

Jedes Kind schneidet ein buntes Papierquadrat in der Größe von ca. 21 x 21 cm zurecht und faltet dieses Schritt für Schritt nach der folgenden Anleitung.
(Für kleinere Papiertiere können es natürlich auch kleinere Papierquadrate sein.)

1. Zwei gegenüberliegende Kanten des Quadrates aufeinander legen, das Papier in der Mitte falten und wieder auseinander klappen.
2. Die beiden anderen gegenüberliegenden Kanten aufeinander legen, falten und auseinanderklappen.
3. Alle 4 Spitzen zur Mitte falten und das Quadrat umdrehen.
4. Wieder alle 4 Spitzen zur Mitte falten und das Quadrat umdrehen.
5. Von der Mitte des Papiers aus mit 4 Fingern in die 4 Spitzen fahren und die Fingerspitzen zusammendrücken. So ergibt sich automatisch die gewünschte Form.

Damit ein Maul entsteht, kleben die Kinder jeweils innen zwei Papierspitzen zusammen.

Die Kinder bemalen ihre wilden Tiere mit Filzstiften, schneiden Fransen als Haare oder Ohren in das Papier, kleben ihnen Wollfäden als Haare auf den Kopf oder eine Zunge aus Filz oder Papier in das Maul.

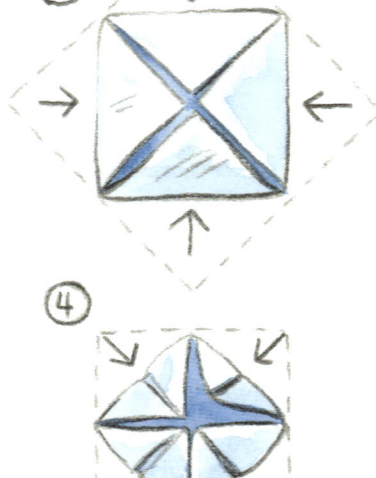

Spielen & bewegen

Meist beginnen die Kinder schon, bevor ihre wilden Tiere richtig fertig sind, mit ihren Papiermonstern zu quaken und zu sprechen.
Geschickte Papiertiere können sogar Papier- oder Stoff-schnipsel aufheben, um sie zu fressen!

Laufende Pappfiguren

Mithilfe der Schablone „Laufende Pappfiguren 1, 2 oder 3" übertragen die Kinder ihre gewählten Formen auf den fes-ten Karton. Sie schneiden die Figuren aus und schneiden mit einer kleinen Schere – vielleicht mit Unterstützung eines Erwachsenen – die Löcher in die Figuren.

Nun verzieren sie ihre Figuren ganz nach ihren Vorstellun-gen. Sie bemalen die Figuren mit Filzstiften, bekleben die Püppchen mit bunter Papierkleidung oder kleben mit Wolle dem Löwen eine Mähne oder den Kindern Wollzöpfe an.

Spielen & bewegen

Sobald die Kinder ihre Finger als Rüssel durch den Elefan-ten oder als Beine durch die Löcher des Löwen oder der Pappkinder stecken, werden die Figuren sofort lebendig und spazieren durch die Gegend.

Alter
ab 5 Jahren

Material
bunter, fester Karton
Bleistift
kleine Schere
Filzstifte
dünnes Geschenkpapier
Klebstoff
Wollreste
Schablone „Laufende Papp-figuren 1, 2 oder 3" (S. 120/121)

Eierkartonfingerpuppen

Die Kinder schneiden die mittleren 4 langen Zapfen (ca. 6 cm lang) des Eierkartons aus und malen diese mit intensiven Wasserfarbtönen an. Auf jeden Zapfen kleben sie eine Wattekugel und malen mit Filzstiften ein Gesicht darauf. Aus Wollresten schneiden sie Fäden zurecht, die sie ihren Figuren als Haare auf den Kopf kleben. Röcke, Umhänge und Kragen fertigen die Kinder aus Spitzen, Kordeln und Geschenkbändern und nähen bzw. kleben sie an ihre Figuren. Zipfelmützen, Kronen oder andere Details können die Kinder aus Papier basteln.

Spielen & staunen

Mit diesen schönen Fingerpuppen können die Kinder richtig Theater spielen oder Lieder und Fingerspiele begleiten.

Alter
ab 6 Jahren

Material
10er-Eierkarton mit langen Innenzapfen
Schere, Wasserfarben
Wattekugeln, Klebstoff
Filzstifte, Pinsel
Wasserglas, Wollreste
buntes Papier, Spitzen
Kordeln, Geschenkbänder
Nadel und Faden

Lass uns
was zusammen spielen

Puzzle

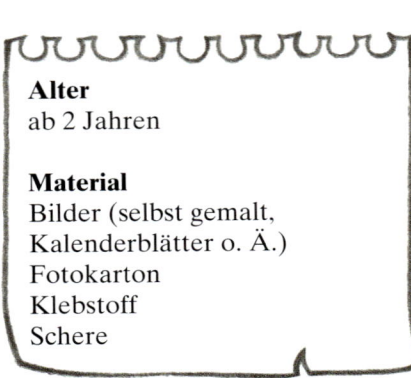

Alter
ab 2 Jahren

Material
Bilder (selbst gemalt,
Kalenderblätter o. Ä.)
Fotokarton
Klebstoff
Schere

Die Kinder suchen sich ein schönes Bild oder Kalenderblatt aus, das sie zu einem Puzzle machen möchten. Auch selbstgemalte Bilder eignen sich gut.

Hinweis: Wichtig bei der Auswahl der Bilder ist, dass es abwechslungsreiche Motive sind, die über die ganze Bildfläche verteilt sind. Ansonsten entstehen zu viele einfarbige und monotone Puzzleteile (z. B. am Himmel, auf der Erde oder im Hintergrund), die die Kinder später schlecht zuordnen können.

Das ausgewählte Bild kleben die Kinder auf einen Fotokarton. Dann schneiden sie es in der Mitte durch. Die beiden Hälften schneiden sie wieder jeweils in der Mitte durch, die 4 entstandenen Teile dann wieder usw.

Während für kleine Kinder vielleicht ein Puzzle mit 8 Teilen schon schwierig genug ist, können größere Kinder ihr Bild auch in 16, 32 oder mehr Teile zerschneiden.

Spielen & staunen

Nun sind alle Kinder gespannt, ob sie ihre Bilder wohl wieder zusammenpuzzln können. Um den Schwierigkeitsgrad beim Puzzeln zu erhöhen, können die Kinder auch mehrere Puzzle mit all ihren Teilen vorm Zusammenbau durcheinander mischen. Also, ein Spiel für alle Altersklassen!

Murmelhäuschen

Größere Kinder schneiden alleine zwei oder drei Tore in den Schuhkarton, kleine Kinder benötigen dabei die Unterstützung eines Erwachsenen.

Gemeinsam malen die Kinder das Murmelhaus mit Fingerfarben bunt an. Alternativ dazu können sie den Karton auch erst nur in einer Grundfarbe bemalen, die Farbe trocknen lassen und es dann mit bunten Mustern bemalen oder mit ihren Fingern oder Händen bedrucken.

Größere Kinder malen über das größte Tor eine 1, über das mittlere eine 2 und über das kleinste Tor eine 3.

Alter
ab 2 Jahren

Material
1 Schuhkarton
Schere
Fingerfarben
Glasmurmeln

Spielen & bewegen

Sobald die Farben getrocknet sind, kullern die Kinder zunächst aus einem kleinen und später auch aus einem größerem Abstand die Kugeln in das Murmelhäuschen. Größere Kinder können z. B. vorher vereinbaren, wie viele Murmeln jedes Kind kullern darf, und zählen, wie viele Punkte sie erzielen, indem sie die Punkte über den getroffenen Toren summieren.

Wettlauf der Bierdeckeltiere

Jedes Kind bemalt einen runden Bierdeckel mit Fingerfarben. Größere Kinder können aus ihren Bierdeckeln auch Tiere oder andere lustige Figuren basteln – z. B. Käfer, Bienen, ein Froschgesicht oder Fische.

- Für die Fische zerschneiden die Kinder einen zweiten Bierdeckel und tackern Stücke davon als Schwanz- oder Rückenflossen an einen Bierdeckel.
- Die Bienen sehen besonders lustig aus, wenn die Kinder ihnen aus zwei Stücken Pfeifenputzer zwei Fühler basteln, indem sie zwei Löcher in den Bierdeckel bohren und die Pfeifenputzerstückchen dort festmachen.

Im Anschluss bemalen die Kinder die Figuren mit Fingerfarben.

Sobald die Farben getrocknet sind, stanzen die Kinder alleine oder mithilfe eines Erwachsenen mit einem Locher ein Loch oben in jede Figur und knoten daran einen ganz langen Faden. Das andere Ende des Fadens knoten sie an eine leere Haushaltspapierrolle.

Spielen & bewegen

Alle Kinder legen ihre Tiere in einer Reihe auf den Boden und gehen mit den Papprollen vorsichtig auf die andere Seite des Raumes. Wenn alle Kinder in einer Reihe mit ihrer Papprolle in der Hand stehen und alle Fäden schnurgerade zu ihrem Tier auf die andere Seite des Raumes führen, kann der Startschuss fallen. Alle Kinder wickeln ihren Faden auf die Rolle, sodass die Tiere langsam näher zu ihnen rutschen, bis alle Tiere bei ihnen angekommen sind.

Stapelturm

Die Kinder schneiden aus buntem Papier Streifen in der Breite der Streichholzschachteln zu und bekleben die Streichholzschachtel damit rundum.

Mit Filzstiften bemalen sie die Schachtel mit bunten Mustern oder lustigen Motiven. So basteln die Kinder gemeinsam viele, bunte Streichholzschachteln ... und schon kann das Spiel losgehen.

Alter
ab 3 Jahren

Material
20 oder mehr Streichholz-schachteln, buntes Papier
Schere, Klebstoff, Filzstifte

Spielen & staunen

Ein Kind legt eine Streichholzschachtel flach auf den Tisch. Ein anderes Kind stapelt eine zweite Schachtel darauf, dann ein weiteres Kind eine dritte Schachtel usw.
Die Kinder stapeln so lange, bis der Turm umfällt.

Dazu können sie vorher selber Regeln festlegen, z. B.:
- Die Kinder sagen: „Komm, wir bauen zusammen einen möglichst hohen Turm. Wie viel Schachteln schaffen wir wohl gemeinsam?"
- Das Kind, das den Turm zum Sturz bringt, muss eine kleine Aufgabe erledigen, z.B. einmal um den Tisch laufen.
- Die Kinder wählen eine andere Stapelweise. Sie stellen z.B. zwei Schachteln nebeneinander auf eine lange schmale Kante und legen darüber quer eine dritte Schachtel. – Das macht auch alleine Spaß!

Streichholzschachtelpuzzle

Die Kinder wählen zwei schöne, gleichgroße Postkarten für
ihr Puzzle aus. Sie schauen, wie viel Streichholzschachteln
auf ihre Karte passen – meist sind es 8 Schachteln für eine
Postkarte.

Sie legen die erste Karte mit dem Motiv nach unten auf den
Tisch, bestreichen eine Fläche einer Streichholzschachtel
mit Klebstoff und drücken sie in einer Ecke auf die linke
Postkartenseite. Sobald die Klebe etwas angetrocknet ist,
schneiden sie entlang der Streichholzschachtelkanten das
Stück der Postkarte aus. So kleben die Kinder der Reihe
nach eine Schachtel nach der anderen auf die Karte und
schneiden sie gleich wieder ab, bis alle Puzzleteile fertig sind.

Auf die gleiche Weise bekleben die Kinder die Schachteln
dann von der anderen Seite mit einer zweiten Postkarte,
sodass sie zwei verschiedene Motive als Puzzle zusammensetzen können.

Spielen & staunen

Die Kinder würfeln alle Puzzleteile durcheinander und puzzeln dann ein Motiv zusammen. Da die Schachteln von beiden Seiten beklebt worden sind, ist es gar nicht so einfach,
oder?

Übrigens: So ein mit Streichhölzern gefülltes Puzzle mit
selbst gemalten Bildern der Kinder ist übrigens ein schönes
Geschenk für Erwachsene.

Fühlmemory

Aus den verschiedenen Materialien schneiden die Kinder jeweils 2 Stücke ungefähr in der Größe eines Bierdeckels aus. Diese kleben sie auf 2 Bierdeckel und schneiden das überstehende Papier oder Material rund um den Bierdeckel ab. Manche Materialien wie z. B. Luftpolsterfolie, Watte, Netze oder zerknitterte Alufolie lassen sich besser auf den Bierdeckel tackern als kleben. Je mehr Bierdeckelpaare die Kinder basteln, umso spannender wird später das Memoryspiel.

Spielen & staunen

Mit einem Halstuch werden einem Kind die Augen verbunden. Die anderen Kinder legen die Bierdeckel mit der Oberfläche zum Fühlen nach oben bunt gemischt auf den Tisch. Nun versucht das Kind mit verbundenen Augen zwei gleiche Bierdeckel zu erfühlen. Sobald es ein Paar gefunden hat, kommt das nächste Kind an die Reihe. Die Bierdeckel werden jedes Mal neu gemischt.

Tipp

Wenn viele Kinder mitspielen, ist es leichter, die Memorykarten in einen Stoffbeutel zu stecken, aus dem sich die Kinder zwei gleiche Karten ertasten, natürlich ohne hineinzuschauen.

Alter
ab 3 Jahren

Material
viele Bierdeckel
interessante Materialien
(Raufasertapete, Wellpappe, Schmirgelpapier, Luftpolsterfolie für Verpackungen, Alufolie, Kartoffel- oder Zwiebelnetz, Fell, grobe Stoffe o. Ä.)
Schere, Klebstoff, Tacker
Tuch zum Augenverbinden
evtl. Stoffbeutel

Memory aus Geschenkpapier

Mit Unterstützung eines Erwachsenen zeichnen die Kinder mit einem Lineal und einem Bleistift Quadrate in der Größe von 6 x 6 cm auf den Fotokarton. Diese Quadrate schneiden sie aus. Für kleine Kinder ist es am besten, wenn ein Erwachsener für sie die Grundformen der Memorykarten herstellt.

Die Kinder suchen sich schöne Motive auf den Geschenkpapieren aus und schneiden jeweils zwei gleiche Motive zunächst grob mit der Schere aus. Sie bestreichen zwei Pappkärtchen mit Klebstoff und kleben die beiden gleichen Motive je auf ein Kärtchen. Das überstehende Geschenkpapier schneiden sie rund um die Karten ab. Und schon ist das erste Memorypaar fertig. So fertigen die Kinder gemeinsam eine ganze Anzahl von Spielpaaren für ihr Memoryspiel.

Spielen & staunen

Vorbereitung: Alle Karten verdeckt auf den Tisch legen und gut durchmischen. Die Karten verdeckt in mehreren Reihen neben- und untereinander auslegen.

Die Kinder decken der Reihe nach je 2 Karten auf.
- Haben sie zwei gleiche Motive gefunden, dürfen sie das Paar behalten und es noch einmal versuchen.
- Passen die Karten nicht zusammen, dreht das Kind sie wieder um und das nächste Kind ist an der Reihe.

Gewonnen hat das Kind, das zum Schluss die meisten Paare gefunden hat.

Angelmemory

Mit dem Dorn pieksen die Kinder ein Loch oben in die Korken und schrauben in jeden Korken eine Öse.

Die Kinder suchen jeweils zwei gleiche Aufkleber aus, die unter die Korken passen, und kleben diese mit Klebstoff unter zwei Korken. Sie können auch jeweils zwei gleiche Bilder aus Spielzeugkatalogen oder aus Geschenkpapier mit kleinen Kindermotiven ausschneiden und diese als Paar unter zwei Korken kleben.

Es gibt zwei verschiedene Möglichkeiten eine Angel für das Angelmemory zu basteln.

- Die Kinder knoten ein ca. 30 cm langes Stück Garn an ein Holzstöckchen. An das andere Ende des Bandes knoten sie eine große Büroklammer und biegen diese etwas als Angelhaken auf.
- Leichter – vor allem für kleine Kinder – ist das Angeln mit einer Angel, an der der Haken direkt am Stöckchen angebracht wird. Dazu benötigen die Kinder ein ca. 50 cm langes Stück Blumendraht. Das biegen sie einmal in der Mitte zusammen und verdrehen die beiden Enden mehrere Male umeinander. Die spitzen Drahtenden wickeln sie zwei- bis dreimal um ein Stockende. Zur Sicherheit kleben sie ein Stück Klebeband darüber. Das andere Ende des Drahtes biegen sie unten zu einem Angelhaken.

Alter
ab 3 Jahren

Material
viele Sekt-Naturkorken
große Schraubösen (12 mm)
Dorn
kleine Aufkleber oder Bilder
Schere, Klebstoff
2 Holzstöcke, Garn
1 große Büroklammer
Blumendraht, Klebeband

Spielen & staunen

Die Korken werden mit etwas Abstand in einem Quadrat auf den Tisch aufgestellt und noch einmal gemischt. Ein Kind angelt sich einen Korken, zeigt allen Kindern das Motiv darunter und versucht nun – wie beim Memory – das passende zweite Motiv zu angeln.

- Findet das Kind ein Paar, darf es dieses behalten und sein Glück noch einmal versuchen.
- Angelt es zwei unterschiedliche Motive, stellt es die beiden Korken wieder hin und das nächste Kind ist an der Reihe.

Mausefalle

Die Kinder bemalen einen großen Joghurtbecher mit Acrylfarben. Besonders einfach ist es, einen ganz weißen Becher zu bemalen. Einen mit Reklame bedruckten Becher müssen die Kinder erst ganz mit einer dunklen Grundfarbe anmalen, die Farbe trocknen lassen und dann bunt mit lustigen Motiven bemalen. Den Bierdeckel bemalen die Kinder in einem dunklen Farbton, damit die Reklame nicht mehr sichtbar ist.

Für jede Maus schneiden die Kinder ein ca. 60 cm langes Stück des reißfesten Bandes ab. Dieses wickeln sie an einem Ende zwei oder dreimal um einen Weinkorken und knoten es fest an den Korken. Mit Filzstiften malen sie auf eine Kreisfläche des Korkens ein Mäusegesicht mit Augen und Schnurrbarthaaren.

Jede Korkenmaus erhält eine andere Ohrenfarbe aus Pfeifenputzern in den 4 Farben des Farbwürfels. Dazu schneiden die Kinder zwei kleine ca. 3-4 cm große Stücke von den entsprechenden farbigen Pfeifenputzerdrähten ab. Für jedes Ohr bohren sie mithilfe eines Erwachsenen zwei Löcher nebeneinander in den Korken und stecken die Drahtenden hinein.

Spielen & bewegen

Alle Kinder sitzen rund um einen kleinen Tisch. In der Mitte des Tisches liegt der Bierdeckel. Ein Erwachsener spielt die Katze und erhält hierfür den Joghurtbecher, vier Kinder können als Mäuse mitspielen. Sie wählen eine Mäusefarbe, legen ihre Maus auf den Bierdeckel und halten das Bandende ihrer Maus fest in der Hand.

Nun beginnt die Katze mit dem Farbenwürfel zu würfeln.
- Würfelt sie eine Farbe muss das Kind mit der Maus in gleicher Farbe seine Maus vom Deckel ziehen (bei blau die blaue Maus, bei rot die rote usw.), bevor die Katze sie mit dem Becher fängt. Alle anderen Mäuse müssen liegen bleiben.
- Würfelt die Katze weiß, müssen alle Kinder ihre Mäuse wegziehen.
- Bei schwarz darf niemand seine Maus wegziehen.

Jede gefangene Maus scheidet aus.

Mini-Mühle

Für ein Mini-Mühle-Spiel benötigen die Kinder 6 Spielfiguren in zwei verschiedenen Figurentypen, z. B. 3 Frösche und 3 Enten. Hierzu malen sie die Sektkorken mit Acrylfarbe an – die Frösche werden natürlich grün und die Enten gelb. Sobald die Grundfarben etwas getrocknet sind, malen die Kinder den Figuren Gesichter.

- dem Frosch große Augen und ein breites Maul
- den Enten schneiden sie aus Filz 3 Schnäbel aus und befestigen diese, indem sie einen kleinen Nagel durch den Schnabel in die Korken drücken. Aus rotem Karton schneiden sie Watschelfüße zu und kleben diese unter die Entenkorken.

Alter
ab 5 Jahren

Material
6 Sektkorken, Acrylfarbe
Pinsel, Wasserglas
roter Filz, kleine Nägel
Schere, roter Fotokarton
Klebstoff
farbiger, fester Karton
evtl. Federn, Dorn

Alternativ zu Fröschen und Enten können sie auch zwei verschiedene Sorten von Vögeln basteln. Lustig sehen die Vögel z.B. aus, wenn die Kinder ihnen mit einem Dorn ein Loch in den Kopf stechen und dahinein jeder der beiden Vogelsorten eine andersfarbige Feder stecken. Natürlich können die Kinder auch ganz andere Spielfiguren entwerfen.

Für das Spielfeld schneiden die Kinder ein Quadrat aus festem, farbigen Karton zu und teilen dieses mit Linien aus Acrylfarbe in 9 ungefähr gleich große Quadrate.

Spielen & staunen

Sobald die Farben getrocknet sind, kann das Spiel beginnen. Mini-Mühle ist ein Spiel für zwei Kinder. Jedes Kind wählt einen Figurentyp. Die beiden Kinder setzen immer abwechselnd eine Figur auf das Feld. Auf jedem der 9 Felder darf immer nur eine Figur stehen. Zunächst setzen die Kinder abwechselnd ihre 3 Figuren auf das Feld. Danach darf jedes Kind immer eine seiner Figuren auf ein anderes freies Feld setzen. Ziel ist es, alle 3 Figuren in eine Reihe gesetzt zu bekommen, gleich ob sie waagerecht, senkrecht oder diagonal in einer Reihe stehen. Das Kind, das dies zuerst schafft, hat gewonnen.

Musik liegt in der Luft

Alter
ab 2 Jahren

Material
Schleifenband
Schere
bunte Glöckchen
Tuch zum Augenverbinden

Glockenbändchen

Die Kinder schneiden mit der Schere ein Stück Schleifenband ab. Sie ziehen ein Glöckchen auf das Band und knoten es fest. Immer im Abstand von ungefähr 2 bis 3 cm knoten sie ein weiteres Glöckchen an.

Wenn sie ein paar Glöckchen aufgezogen haben, lassen die Kinder sich das Glockenbändchen von einem Erwachsenen entweder um ein Hand- oder Fußgelenk binden. Toll ist es natürlich, wenn jedes Kind gleich 2 Bändchen für die Hände oder Füße vielleicht sogar 4 Bändchen für Hände und Füße hat.

Spielen & bewegen

Die Kinder singen und tanzen durch den Raum und lassen die Glöckchen klingen, indem sie dabei die Arme bewegen oder mit den Füßen stampfen.
Hinweis: Da die Glockenbändchen sehr zarte Geräusche von sich geben, kommen sie gut zusammen mit anderen leisen Instrumenten wie Gummibandharfe (S. 82) oder Indianertrommeln (S. 77) gut zur Geltung.

Mit dem Glockenbändchen können größere Kinder das folgende schöne Spiel machen: Ein Kind lässt sich mit einem Tuch die Augen verbinden. Die anderen Kinder binden ihre Glockenbändchen um die Fußgelenke und schleichen so vorsichtig durch den Raum, dass das Kind mit den verbundenen Augen sie nicht hört. Sobald dieses Kind aber doch ein anderes Kind mit einem Glöckchen gehört und gefangen (berührt) hat, tauschen die beiden die Rollen.

Rasseln aus Bechern, Dosen und Pappröhren

Mit dem Pinsel rühren die Kinder in dem Schraubglas Kleisterpulver und Wasser zu Kleister an und lassen ihn etwas ziehen. Nach Bedarf kann er später entweder mit etwas Wasser verdünnt oder mit Kleisterpulver angedickt werden.

Mit trockenen Händen reißen die Kinder Transparentpapier oder Geschenkpapierreste in kleine Schnipsel. Jedes Kind braucht einen kleinen Berg von Schnipseln für eine Rassel.

Die Kinder wählen sich eine Dose, einen Joghurtbecher oder eine Pappröhre aus und streichen das Gefäß außen ganz mit Kleister ein. Am besten machen die Kinder dies mit den Händen. Manche Kinder benutzen aber lieber einen dicken Pinsel. Die Pappröhren werden zuerst an einer Seite mit einem größeren Papierstück und Kleister verschlossen.

Jetzt kleben die Kinder ganz viele Papierschnipsel auf und streichen immer wieder Kleister darüber. Es können ruhig ein paar Papier- und Kleisterschichten übereinander sein.

Sobald sie einige Schnipsel aufgeklebt haben, füllen die Kinder in ihre Gefäße Perlen, Reiskörner oder getrocknete Erbsen. Dabei sollten sie darauf achten, dass möglichst kein Kleister an das Füllmaterial gelangt, damit es nicht in der Rassel zusammenklebt. Ganz andere Töne der Rasseln entstehen, wenn sie ihre Gefäße mit Kronkorken, Walnuss- oder Pistazienschalen füllen. Vielleicht nimmt jedes Kind eine andere Füllung.

Alter
ab 2 Jahren

Material
Kleister, 1 Schraubglas
1 Pinsel , Transparentpapier,
Geschenkpapierreste
Joghurtbecher, Pappröhren,
andere Dosen
Perlen, Reis, Erbsen,
Walnussschalen, Pistazienschalen,
Kronkorken o. Ä.
Aufkleber, evtl. Fön

Jetzt kleistern die Kinder die Öffnung ihres Gefäßes mit einem größeren Stück Papier zu. Rundum bekleben sie nun ihre Rasseln wieder mit vielen kleinen Papierschnipseln und streichen immer wieder Kleisterschichten darüber. Zum Trocknen stellen sie ihre Rassel auf eine Plastikunterlage.

Während des Trocknungsprozesses bewegen die Kinder ihre Rasseln hin und wieder, damit die Füllung innen nicht zusammenkleben kann. Das Trocknen dauert leider einen Tag, es sei denn, die Kinder trocknen ihre Rassel mit einem Fön.

Tipp: Dosen oder Gefäße, die sich als Rassel eignen und die keine Reklame haben, die übergeklebt werden muss, können die Kinder auch einfach mit hübschen Aufklebern bekleben.

Bewegen & spielen

Mit diesen tollen Rasseln können die Kinder all ihre Lieblingslieder rhythmisch begleiten. Wenn die Kinder ihre Rasseln alle mit unterschiedlichen Materialien gefüllt haben, können sie auch die unterschiedlichen Geräusche vergleichen und gegenseitig raten, was wohl in den anderen Rasseln ist.

Teesiebrassel

Die Kinder legen in ein Teesieb 3 kleine Glöckchen. Das zweite Sieb legen sie so darauf, dass eine Drahtkugel entsteht. Die Stiele der Siebe kleben sie nun mit Klebeband zusammen.

Alter
ab 2 Jahren

Material
2 Teesiebe
3 Glöckchen
Klebeband
Geschenkband

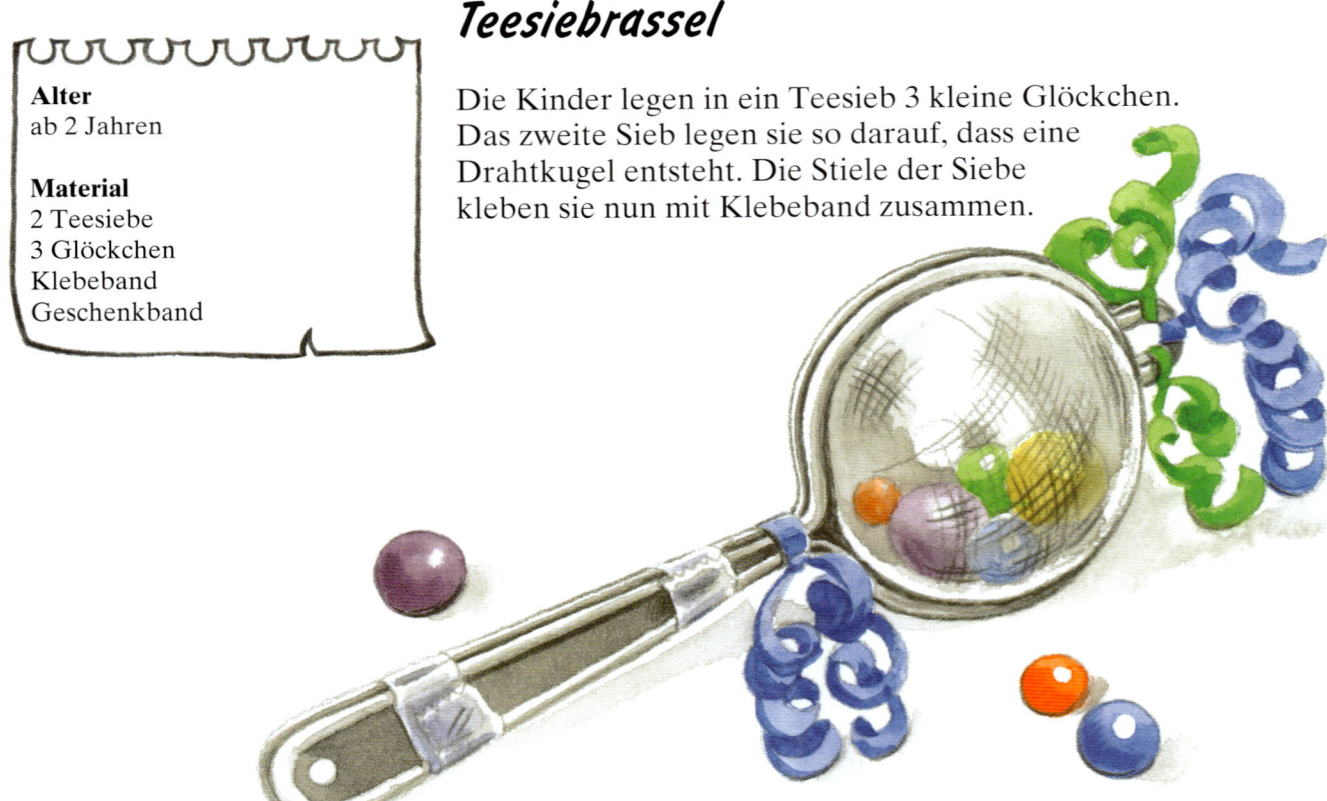

Damit die Siebe auch oben zusammen bleiben, binden die Kinder die beiden Siebe dort mit einem Geschenkband zusammen. Sie können auch unter der Drahtkugel noch ein weiteres, buntes Geschenkband zur Verzierung festknoten.

Spielen & staunen

An diesem einfachen Musikinstrument haben schon die ganz kleinen Kinder großen Spaß. Sie können damit spielen, es bewegen, horchen und staunen. Auch im Orchester mit anderen selbst gemachten Musikinstrumenten können Kinder es gut einsetzen.

Indianertrommeln

In einem Schraubglas rühren die Kinder mit dem Pinsel Kleister an und lassen ihn etwas zum Ziehen stehen. Später können sie ihn bei Bedarf noch etwas mit Wasser verdünnen oder auch noch mit Kleisterpulver andicken.

Je nach Größe der Tontöpfe reißen die Kinder für die Blumentopföffnung 4-5 Butterbrotpapiere für kleinere oder 6-8 Butterbrotpapiere für größere Töpfe jeweils in der Mitte durch. Nun kleistern sie das erste Papier mit der Hand ganz mit etwas Kleister ein und kleben es über die Topföffnung – das seitlich überstehende Papier kleben sie einfach am Rand des Topfes mit Kleister fest.

Über das ganze Papier auf der Trommel streichen sie eine Kleisterschicht und legen ein weiteres Papier darauf. Es folgt immer abwechselnd eine Schicht Kleister und eine Schicht Papier. Also nach jeder Papierschicht muss die ganze Schicht wieder mit Kleister eingerieben werden.

Über die Öffnung des Blumentopfes sollen 10-14 Papiere gekleistert werden. Mit kleineren Butterbrotpapierschnipseln bekleben die Kinder die Wände des Topfes mit ca. 2-3 Papierschichten. Der Boden des Tontopfes darf nicht mit Papier beklebt werden, da dies den späteren Klang beeinflussen würde. Jetzt muss die Trommel trocknen. Es kann schon 2 Tage dauern bis das Papier ganz getrocknet ist.

Alter
ab 2 Jahren

Material
Kleisterpulver
1 Schraubglas, Pinsel
Blumentontöpfe in
verschiedenen Größen
Butterbrotpapier
2 Schaschlikstäbchen
2 Wattekugeln, Bastelfarbe
Wasserglas

Aus Schaschlikstäbchen und Wattekugeln bauen die Kinder die Trommelstöcke. Sie stechen die Schaschlikstäbchen in die Wattekugeln, malen die Wattekugeln mit Bastelfarbe bunt an und stellen sie zum Trocknen in eine Flasche oder ein Glas.

Sobald das Papier ganz getrocknet ist, malen die Kinder mit Bastelfarbe bunte Indianermuster auf den Außenrand der Trommel und lassen die Farbe trocknen.

Spielen & staunen

Besonders schön ist es, wenn die Kinder verschieden große Trommeln haben, da diese alle andere Tonlagen haben. Die Kinder können ihre Trommeln sowohl mit den Fingern, als auch mit den Wattetrommelstöcken spielen. Sie werden schnell feststellen, dass sich ihre Trommeln am besten anhören, wenn sie sie in der Hand haben und das Loch am Boden nicht zuhalten. Dann klingen die Töne besser. Mit diesem tollen Instrumente können die Kinder experimentieren und zusammen Rhythmen entwickeln. Ein Kind kann z. B. einen Rhythmus vorspielen und die anderen versuchen es nachzumachen.

Käsetrommler

Die Kinder stechen mithilfe eines Erwachsenen mit einem Dorn oder einem anderen spitzen Gegenstand zwei sich gegenüberliegende Löcher in den Rand der Käseschachtel. Sie ziehen die Kordel von der einen zur anderen Seite durch die Käseschachtel und kleben beide Schachtelhälften zusammen.

Mithilfe eines Erwachsenen knoten die Kinder zuerst eine Perle an ein Bandende. Sie ziehen das Band so weit heraus, dass sie die Perle auf die Mitte der Dose legen können, und machen einen weiteren Knoten vor der Dose in das Band.

Auf der anderen Seite knoten sie das Band direkt hinter der Dose und ziehen die zweite Perle auf. Diese wird auch so festgeknotet, dass sie ungefähr bis zur Mitte der Schachtel reicht.

Die Kinder verzieren ihre Käsetrommler, indem sie auf beide Seiten der Schachteln schöne, dekorative Papierkreise kleben.

Spielen & bewegen

Um mit den Käsetrommlern Geräusche zu machen, nehmen die Kinder ihre Schachtel in die Hand und drehen die Trommel so schnell hin und her, dass die Perlen abwechselnd auf die Dose trommeln. Das ist gar nicht so einfach – es bedarf schon einiger Übung, wenn sie einen bestimmten Rhythmus damit spielen möchten!

Alter
ab 3 Jahren

Material
1 Käseschachtel
Dorn, Kordel, Schere
Klebstoff, 2 Perlen
schönes Papier

Blechtrommeln

Alter
ab 3 Jahren

Material
1 runde Blechkeksdose
buntes Papier, Schere
Klebstoff, Dorn
Hammer, Schleifenband
4 Schaschlikstäbchen
2 Sektkorken, 2 Holzperlen
evtl. Streichhölzer

Die Kinder suchen ein hübsches Papier aus, mit dem sie ihre Trommel verkleiden wollen. Sie schneiden einen Streifen zurecht, der rund um die Dose passt und kleben ihn auf den Dosenrand.

Kinder, die ihre Trommel um den Hals hängen möchten, können ein Band an der Dose befestigen. Mithilfe eines Erwachsenen stechen sie mit einem Dorn oder mit einem anderen spitzen Gegenstand an jeder Seite ein Loch in die Trommel. Damit die spitzen Kanten in der Dose niemanden verletzen können, hämmern die Kinder diese Kanten platt. Sie schneiden ungefähr 120 cm von dem Schleifenband ab. Sie stecken die beiden Enden des Bandes von außen durch die Löcher in der Dose und verknoten die Bandenden in der Mitte der Dose so miteinander, dass die Trommel in der richtigen Höhe vor dem Bauch der Kinder hängt.

Für die Trommelstöcke pieksen die Kinder zwei Schaschlikstäbchen jeweils in einen Sektkorken. Diese erzeugen einen eher dumpfen Ton. Eine andere Art von Trommelstöcken können die Kinder basteln, indem sie die Spitzen der Schaschlikstäbe in die Löcher von Holzperlen stecken. Wenn die Löcher der Holzperlen zu groß sind, stecken sie ein Streichholz von der anderen Seite in das Loch der Perle und brechen den Rest des Streichholzes ab.

Spielen & staunen

Und nun heißt es: Erwachsene haltet euch die Ohren zu!
Die Kinder testen ihre Instrumente erst einmal ganz nach
Belieben aus – mal laut und mal leise. Die Trommeln mit
den Bändern eignen sich besonders zu einem gemeinsamen
Trommlermarsch durch das Haus. Die Kinder begleiten
Lieder oder spielen gemeinsam ein Gewitter vom leise
beginnenden Regen bis zum lauten Donner. Besonders gut
geht dies auch zu dem folgenden Fingerspiel:

Es tröpfelt, es tröpfelt,
es regnet, es regnet,
es hagelt,
es blitzt,
es donnert
und dann …
scheint die Sonne wieder!

Regenmacher

Für den Regenmacher eignet sich am besten eine Plakatpappröhre mit Deckeln. Die Kinder können auch eine stabi-
le Pappröhre verwenden, deren Öffnungen sie nach der Füllung selber mit Papier und Klebeband verschließen.

In die Pappröhre hämmern die Kinder ganz viele Nägel, die
zwar möglichst lang, aber nicht so lang sein dürfen, dass sie
auf der anderen Seite der Röhre durchkommen. Wie jeder
sich gut vorstellen kann, macht den Kindern das Hämmern
großen Spaß.

Die Kinder verschließen die Pappröhre an einer Seite und
füllen ungefähr 3-4 Hände voll kleiner Glasperlen oder
Pistazienschalen in die Röhre und verschließen auch die
andere Röhrenseite.
Und schon können sie testen, wie sich ihr Regenmacher
anhört, wenn sie ihn langsam hin und her wenden.

- Rieseln die Perlen zu schnell durch die Röhre, nageln die
  Kinder noch weitere Nägel ein.
- Sind die Geräusche zu leise, füllen sie noch Perlen oder
  Pistazienschalen nach.

Alter
ab 3 Jahren

Material
feste Plakatpappröhre
(möglichst mit Deckeln)
Nägel, Hammer
kleine Glasperlen oder
Pistazienschalen
Paketklebeband
dünnes, weißes Papier
(Seidenpapier)
Kleister, Fön
Bastelfarben, Pinsel, Glas
evtl. einfarbiges Geschenkpapier
Klebstoff, dünnes, festes Band,
bunte Federn

Ist der Rieseleffekt gut, umkleben die Kinder die ganze Röhre mit Paketklebeband, sodass die Deckel fest verschlossen sind und die Nägel rund herum nicht mehr herausfallen können.

Die Kinder rühren in einem Glas Kleister an und lassen ihn etwas ziehen. Sie kleistern die ganze Röhre ein und bekleben sie rundum mit dem weißen Papier. Besonders geeignet hierfür ist Seidenpapier, das in Porzellangeschäften zum Verpacken verwendet wird. Es dauert einige Zeit bis das Kleisterpapier getrocknet ist. Ungeduldige Kinder können den Trocknungsprozess aber mit einem Fön beschleunigen. Dann kann der Regenmacher endlich mit Bastelfarbe von den Kindern mit Indianermustern bemalt werden.

Alternativ können die Kinder auch einfarbiges Geschenkpapier um die Rolle kleben. Dann fädeln sie viele Perlen auf ein festes, dünnes Band und knoten zwischendurch eine Perle oder eine bunte Feder fest. Ist die Feder-Perlen-Kette lang genug, hilft ein Erwachsener ihnen, das Band um die Röhre zu wickeln und es am oberen und unteren Rand zu verknoten.

Bewegen & staunen

Dieses sehr dekorative Musikinstrument begeistert einfach alle Kinder und Erwachsenen. Es macht Spaß, den leisen, rieselnden Geräuschen zuzuhören – dabei ruhig auch mal die Augen schließen!
Natürlich ist dieses Instrument auch für Indianerspiele und -feste bestens geeignet.

Gummibandharfe

Eine Gummibandharfe können die Kinder aus unterschiedlichen viereckigen Gefäßen herstellen, z. B. aus Blechdosen, Zigarrenkisten oder Verpackungsschachteln aus Styropor.

Hübsch sehen die Dosen aus, wenn die Kinder sie außen verkleiden. Dazu schneiden sie mithilfe eines Erwachsenen ein Stück weißes oder farbiges Papier zurecht, das rund um die Dose passt. Sie bemalen den Papierstreifen ganz nach ihren Vorstellungen und kleben den Streifen um die Dose.

Alter
ab 3 Jahren

Material
1 Metalldose, Zigarren- oder Styroporkiste, Papier, Schere Wachsmaler, Klebstoff Gummibänder

Die Kinder spannen verschiedene Gummibänder um die Schachtel und probieren die Töne aus. Die Gummibänder müssen ziemlich stramm über der Öffnung gespannt sein, damit sie gute Töne abgeben. Zu lange Gummibänder können die Kinder einfach durch einen Knoten verkürzen, den sie unter der Harfe verstecken können.

Mithilfe von Erwachsenen und mit ein bisschen Tüftelei schaffen ältere Kinder es sogar, eine ganze Tonleiter zusammenzustellen. Dazu sucht man sich so lange die richtigen Gummibänder zusammen, bis man verschiedene Töne von hell bis dunkel sortiert über die Schachtel gespannt hat. Weichen die Töne nur ein wenig von dem gewünschten Ton ab, können die Gummibänder gestimmt werden, indem sie über der Öffnung nur ein ganz wenig mehr oder weniger gespannt werden.

Spielen & staunen

Die Töne der Harfe sind sehr zart und eignen sich deshalb zur Begleitung von ruhigen und leisen Liedern. Ältere Kinder können versuchen, auf einer Harfe mit einer ganzen Tonleiter ein einfaches Lied zu spielen, z. B. „Alle meine Entchen" oder „Fuchs, du hast die Gans gestohlen".

Gong

Ganz einfach ist es, einen Gong herzustellen. Hierzu benötigen die Kinder einen möglichst großen Deckel einer runden Blechdose. Mithilfe eines Erwachsenen stechen sie mit einem Dorn zwei Löcher im Abstand von ca. 4 cm in den Rand. Um die scharfen Kanten der Löcher in dem Deckel zu beseitigen, schlagen die Kinder mithilfe eines Erwachsenen die Kanten mit einem Hammer einfach platt.

Jetzt schneiden die Kinder ein Schleifenband von ca. 40 cm zurecht. Sie stecken die beiden Enden von außen durch die zwei Löcher. Ein Erwachsener hilft kleineren Kindern dabei, die beiden Enden miteinander innen zu verknoten.

Und nun fehlt nur noch ein Schlagstock. Die Kinder können drei unterschiedlich klingende Schlagstöcke für ihren Gong anfertigen. Dazu stechen sie ein Schaschlikstäbchen in einen Sektkorken, in einen Korken mit einem Holzkopf oder in eine Styroporkugel. Die Styroporkugel sieht besonders schön aus, wenn die Kinder sie mit Bastelfarben anmalen. Die Kinder werden feststellen, dass sie mit den verschiedenen Schlagstöcken ganz unterschiedliche Klänge erzeugen können.

Spielen & staunen

Der Gong ist ein schönes Instrument, den die Kinder gut zusammen mit der Blechtrommel (S. 80) einsetzen können. Allerdings wird das eine laute Angelegenheit. Wenn sich die Kinder etwas ausgetobt haben, können sie ja auch versuchen einmal ganz leise zu spielen, so leise wie es eben geht. Dies geht besonders gut mit dem Styroporkugelschläger. Oder die Kinder spielen das bei der Blechtrommel beschriebene Gewitter zusammen.

Kastagnetten

Die Kinder malen mit der Unterstützung eines Erwachsenen mit einem Lineal und einem Bleistift zwei Rechtecke in der Größe von 21 x 3,5 cm auf den festen Karton. Sie schneiden die beiden Streifen mit der Schere aus, kleben sie fest aufeinander und klappen den Streifen einmal in der Mitte zusammen.

Für ihre Kastagnetten wählen die Kinder halbe Walnussschalen aus, die einen ganz glatten Rand haben, damit sie nicht auf dem Untergrund hin und her wackeln. Diese kleben sie mit viel Klebstoff innen an die äußeren Enden des Pappstreifens. Dabei müssen die Kinder etwas Geduld haben und sie lange fest auf den Karton drücken, bis sie ganz festkleben. Sie können auch die Walnussschalen zum Trocknen vorsichtig mit einer Wäscheklammer auf dem Karton fixieren.

Schön ist es, wenn jedes Kind zwei Kastagnetten hat, sodass sie mit beiden Händen gleichzeitig klappern können.

Alter
ab 3 Jahren

Material
feste Pappe
Bleistift
Lineal
Schere
Klebstoff
halbe Walnussschalen
evtl. Wäscheklammern

Spielen & staunen

Die Kinder klappern mit ihren Kastagnetten und singen und tanzen dabei durch den Raum. Kastagnetten sind schöne Instrumente zur Begleitung von Liedern. Aber es sieht einfacher aus, als es tatsächlich ist. Die Kinder müssen ein bisschen üben, bis sie eine rhythmische Begleitung hinbekommen.

Alter
ab 3 Jahren

Material
1 Blumentontopf, Bastelfarbe
Pinsel, Schleifenband
1 Holzdübel, Schere
dünnes Band, Holzkugeln

Tontopfglocke

Den Tontopf malen die Kinder zunächst ganz mit einer hellen Grundfarbe an, da auf hellem Untergrund die Bemalung der Kinder viel besser zu Geltung kommt. Ist die Grundfarbe getrocknet, bemalen die Kinder ihre Glocke nach ihren Vorstellungen und lassen die Farbe wieder trocknen.

Die Kinder schneiden ein ca. 60 cm langes Stück Schleifenband ab. Sie falten es einmal in der Mitte zusammen und machen bei ca. 20 cm einen Knoten in die Bänder. Zwischen die beiden Bandenden legen sie einen Holzdübel oder ein anderes Holzstöckchen und machen direkt hinter dem Stöckchen wieder einen Knoten.

Von dem dünnen Band schneiden die Kinder ein 80 cm langes Stück ab. Sie fädeln eine große Holzperle auf das Band und befestigen die Perle in der Mitte des Bandes mit einem Knoten über der Perle. Dann verknoten sie die beiden Fadenenden noch einmal ca. 22 cm oberhalb der Perle mit einem weiteren dicken Knoten (oder 2-3 Knoten übereinander). Sie ziehen beide Fadenenden zusammen durch eine kleine Perle. Jetzt knoten sie die Bandenden mithilfe eines Erwachsenen im passenden Abstand an den Holzdübel mit dem Schleifenband. Am besten funktioniert die Glocke, wenn die kleine Perle beim Läuten den Tontopf am unteren Glockenrand berührt. Die Kinder ziehen das Schleifenband von unten durch den Tontopf und fertig ist die Glocke.

Spielen & staunen

Die Blumentopfglocke können die Kinder mit verschiedenen anderen Instrumenten zur Begleitung von Musik einsetzen. Sie können sie aber auch an einem besonderen Platz aufhängen und sie z.B. als Kaufladenglocke oder zur Ankündigung besonderer Anlässe benutzen.

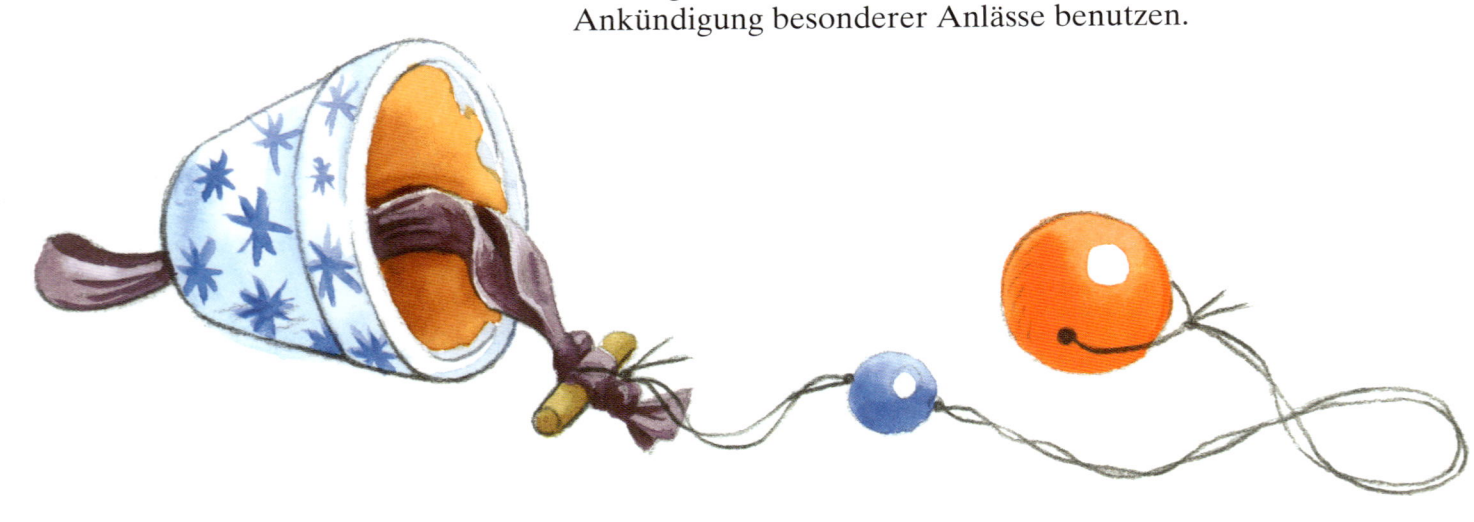

Kronkorkenrassel

Auf einer alten Holzunterlage schlagen die Kinder mit dem Hammer und einem dicken Nagel jeweils ein Loch in die Mitte von allen Kronkorken. Die Löcher müssen so groß sein, dass die Kronkorken locker auf den Nägeln sitzen. Die Kinder fädeln auf jeden Nagel ein paar Kronkorken. Am besten rasseln die Korken später, wenn immer 2 Kornkorken mit den Kronrändern aufeinanderliegen.

Mithilfe eines Erwachsenen nageln die Kinder nun die beiden kürzeren Nägel mit den Kronkorken sich gegenüberliegend oben an den Holzstab. Ein paar Zentimeter darunter nageln sie dann die beiden längeren Nägel in einer Linie unter die ersten beiden Nägel.

Alter
ab 5 Jahren

Material
20-28 Kronkorken
2 Nägel (ca. 6 cm lang)
2 Nägel (ca. 7 cm lang)
1 Holzstab (ca. 20 cm lang,
2 cm dick)
1 Hammer

Spielen & staunen

Mit der Rassel lassen sich alle rhythmischen Lieder oder Spiele begleiten. Sie sind auch gut geeignet, um sie bei Spielen als Signal für irgendwelche Anweisungen einzusetzen.

Die Kronkorkenrasseln klingen sehr laut. Sie passen gut zu einem Orchester mit Blechtrommeln, Gong und anderen lauten Instrumenten.

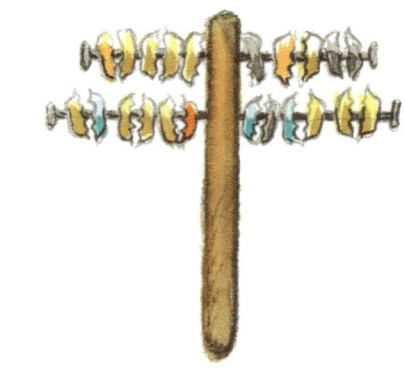

Probieren, staunen und experimentieren

Bälletransport

Die Kinder haben die Möglichkeit, die Küchenpapierrollen entweder zu bemalen oder sie mit Papierschnipseln zu bekleben.

Alter
ab 2 Jahren

Material
Küchenpapierrolle
Fingerfarben
Pinsel
evtl. Geschenkpapier, Kleister, Schraubglas
kleine Bälle, Luftballons

- Zum Bemalen der Haushaltspapierrollen eignen sich am besten Fingerfarben. Die Kinder gestalten ihre Rollen nach ihren Wünschen mit der Farbe und stellen die Rollen dann zum Trocknen auf eine Plastikunterlage.
- Für die Schnipselpapiertechnik rühren die Kinder in einem Schraubglas mit einem Pinsel Kleister mit Wasser an. In der Zeit, in der der Kleister zieht, reißen die Kinder buntes Papier in kleine Schnipsel. Kleine Kinder können Papier am besten in Schnipsel reißen, wenn ein Erwachsener ihnen das Papier vorher in Streifen reißt.
- Dann bestreichen sie die ganze Rolle mit Kleister und kleben die Papierschnipsel darauf. Über jede Papierschicht streichen sie wieder eine dünne Kleisterschicht. Ist die Rolle rundum mit bunten Schnipseln beklebt, stellen die Kinder sie zum Trocknen auf eine Plastikunterlage.

Bewegen & spielen

Die Kinder suchen verschiedene kleine Bälle zusammen, die auf der Öffnung der Röhre liegen bleiben. Es wird gemeinsam eine Strecke mit Start- und Ziellinie festgelegt.

Alle Kinder stellen sich mit ihrer Röhre hinter die Startlinie und legen ihren Ball auf die Röhrenöffnung. Mit dem Startschuss laufen sie vorsichtig die vorgegebene Strecke ab und balancieren ihren Ball mit der Röhre – ohne ihre Hände zur Hilfe zu nehmen – bis zum Ziel. Verlieren sie unterwegs den Ball, legen sie den Ball genau an der Stelle, an der sie ihn verloren haben, wieder auf die Röhre und setzen ihr Spiel fort.

Die Kinder werden bald feststellen, dass das Balancieren mit kleinen Bällen wesentlich leichter ist, als mit größeren Bällen. Größere Kinder werden auch das schaffen. Am schwierigsten ist aber das Balancieren von einem etwas aufgeblasenen Luftballon.

Hüpfspiel aus Eierpaletten

Jedes Kind bemalt eine Eierpalette mit Fingerfarben. Kleine Kinder malen ihre Eierpaletten einfach bunt an. Größere Kinder können in ihre Palette auch ein bestimmtes Muster malen, indem sie die Fächer in unterschiedlichen Farben anmalen, sodass z. B. eine Art Spirale oder ein Schachbrettmuster entsteht.

Auf ihre Tischtennisbälle malen die Kinder mit wasserfesten Filzstiften lustige Gesichter.

Spielen & bewegen

Sobald die Farben getrocknet sind, kann das Hüpfen losgehen. Die Kinder lassen die Tischtennisbälle auf ihrer Palette hin und her hüpfen oder sie lassen den Ball in einer festgelegten Reihenfolge, z. B. entlang der Spirale von Loch zu Loch hüpfen. Zwei Kinder können auch einen Ball von einer Palette zur anderen springen lassen oder beide mit einer Palette zusammen spielen. Beim Erfinden neuer Spielregeln sind der Kreativität der Kinder keine Grenzen gesetzt.

Nervensäge

Die Kinder rühren in einem Glas etwas Kleisterpulver mit Wasser an und lassen es eine Zeit lang stehen. In der Zwischenzeit zerreißen sie buntes Transparentpapier in Schnipsel.

Mit den Händen reiben sie einen Joghurtbecher ganz mit Kleister ein und kleben nach und nach viele bunte Transparentpapierschnipsel darauf. Über alle Schnipsel streichen sie immer wieder etwas Kleister. Ist der Becher fertig beklebt, stellen die Kinder ihn zum Trocknen.

Mit einem Dorn stechen die Kinder ein kleines Loch in die Mitte des Bodens. Sie schneiden ein ca. 80 cm langes Stück von dem dünnen festen Garn ab und ziehen es durch das Loch im Joghurtbecher. Das innere Ende des Bandes knoten sie an ein abgebrochenes Streichholz.

Sie schneiden ein ca. 4 x 10 cm großes Stück raue Pappe zu und falten dies einmal in der Mitte.

Alter
ab 3 Jahren

Material
Kleister, Pinsel
1 Schraubglas
1 Joghurtbecher
Transparentpapier
Dorn
dünnes festes Garn
Schere
1 Streichholz
graue, raue Pappe

Bewegen & staunen

Jetzt heißt es Ohren zuhalten, denn es ist kaum zu glauben, was diese Nervensäge für laute und schrille Töne hervorbringen kann!

Die Kinder nehmen ihre Becher in die Hand, legen den Faden zwischen die beiden Papphälften und ziehen die Pappe vom Becher aus rasch am Faden lang nach oben. Je schneller sie ziehen und je fester sie drücken, um so schriller wird der Ton – eine echte Nervensäge.

Strohhalm-Angelspiel

Alter
ab 3 Jahren

Material
buntes Papier, Bleistift
Lineal, Schere
Bunt- oder Filzstifte
Strohhalme, Lineal
Margarinedose oder
andere Schachtel
evtl. Acrylfarben, Pinsel
und Wasserglas

Für das Spiel benötigt jedes Kind mindestens 8 bis 10 Fische, einen Strohhalm und ein Angelbecken.

Die Kinder malen mit einem Bleistift verschiedene Fische – ungefähr in der Größe von 4 bis 5 cm – auf farbiges Papier. Sie schneiden die Fische aus und malen sie mit Bunt- oder Filzstiften an. Jedes Kind kürzt einen Strohhalm auf eine Länge von ca. 14 cm.

Für das Angelbecken suchen sich die Kinder eine flache Schachtel oder Dose aus (z. B. 1 leere Margarinedose), die sie entweder mit buntem Papier bekleben oder mit Acrylfarbe anmalen.

Entscheiden sich die Kinder für das Bemalen mit Acrylfarbe, sieht es toll aus, wenn sie die Schachtel erst rundum mit blauer Farbe bemalen, die Farbe trocknen lassen und dann das Becken mit Fischen, Pflanzen und anderen Meerestieren bemalen.

Spielen & staunen

Die Kinder setzen sich um einen kleinen Tisch. Jedes Kind hat sein Angelbecken vor sich. Alle Fische liegen in der Mitte auf dem Tisch. Auf das Startsignal hin, beginnen die Kinder die einzelnen Papierfische mit dem Strohhalm anzusaugen, um sie so langsam in ihre Angelbecken heben zu können. Übung macht da den Meister!

Gackerndes Huhn

Mit dem Dorn stechen die Kinder ein kleines Loch in die Mitte des Dosenbodens. Sie schneiden ein ca. 1 m langes Stück von dem dünnen Garn ab. Sie stecken ein Ende durch das Loch im Boden und machen an das Ende in der Dose einen dicken Knoten, sodass das Band nicht mehr herausrutschen kann.

Die Kinder schneiden einen Streifen aus gelber Wellpappe zu, den sie rund um die Dose kleben. Sie schneiden zwei blaue Kreise als Augen und einen Schnabel aus roter Pappe aus und kleben sie auf die Dose. Mithilfe der Schablone „Gackerndes Huhn" übertragen die Kinder den Hahnenkamm auf eine rote Pappe und schneiden die Form aus.

Den Kamm schneiden sie unten einmal in der Mitte ca. 1 cm ein und klappen die eine Hälfte des unteren Randes zu der einen und die andere Hälfte zu der anderen Seite.
Mit Klebeband kleben die Kinder den Kamm auf die Dose und ein paar bunte Federn als Schwanz hinten an die Dose.

Bewegen & staunen

Ein Erwachsener nimmt ein Stück Geigenbogenharz in die Hand, drückt das dünne Band mit dem Daumen darauf und zieht das Band so ein paar Mal am Harz entlang – und schon kann es losgehen. Wenn die Kinder nun das Huhn am Band herunterhängen lassen, dabei das Band fest zwischen Daumen und Zeigefinger festhalten und das Huhn dann etwas rauf und runter hopsen lassen, entstehen ganz witzige Gackergeräusche.

Das probieren die Kinder natürlich ausgiebig aus – zwischendurch müssen sie das Band vielleicht noch einmal etwas nachharzen.

Alter
ab 4 Jahren

Material
1 Konservendose, Dorn
dünnes Garn, gelbe Wellpappe
blaues Papier, rote Pappe
Klebstoff, bunte Federn
Klebeband
Geigenbogenharz
(bekommt man günstig in allen Musikinstrumentengeschäften)
Schablone „Gackerndes Huhn"
(S. 116)

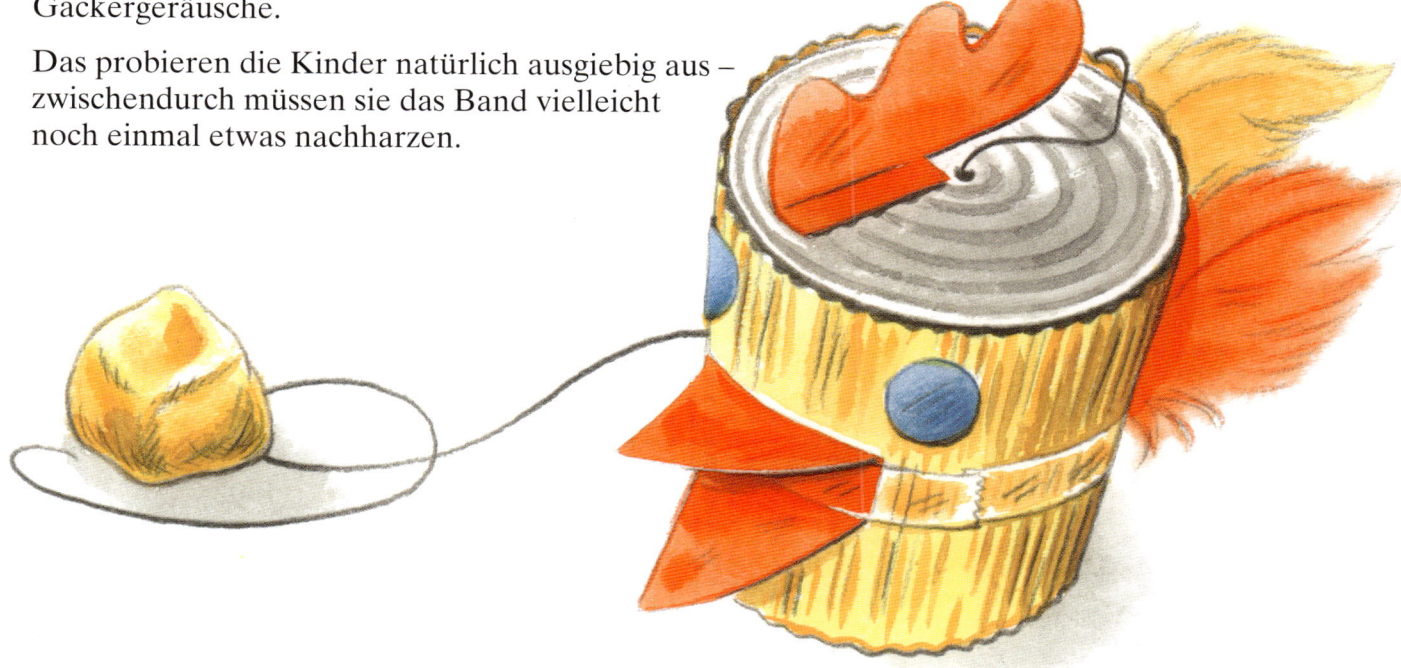

Alter
ab 4 Jahren

Material
2 große Joghurtbecher
Dorn
festes Band
Aufkleber
Acrylfarbe
Pinsel
Wasserglas

Bechertelefon

Mit dem Dorn stechen die Kinder in beide Joghurtbecher jeweils ein kleines Loch in den Boden. Sie schneiden ein ca. 3 bis 4 m langes Stück des festen Bandes ab. Die Enden stecken sie von außen durch die Böden der Joghurtbecher und machen innen dicke Knoten, damit das Band nicht wieder herausrutscht.

Sind die Joghurtbecher weiß, können die Kinder sie einfach mit bunten Aufklebern verzieren. Sind es bedruckte Becher, bemalen sie die Becher als Grundierung zunächst in einem Ton mit Acrylfarbe. Sie lassen die Farbe trocknen und gestalten die Becher dann nach ihren Vorstellungen.

Spielen & staunen

Die Joghurtbecher dienen als Telefonhörer. Zwei Kinder spannen die Schnur, ein Kind hält einen Becher an sein Ohr und das andere Kind spricht hinein. Die Töne werden über das gespannte Band von einem Becher zum anderen Becher übertragen. Das funktioniert auch über eine längere Strecke. Das Bechertelefon ist ein tolles und verblüffendes Spielzeug.

Taschenlampenspielereien

Besonders effektvoll ist dieses Spiel mit einer sehr großen Taschenlampe.

Die Kinder falten ein Stück Papier, das ein paar Zentimeter größer ist als das Glas der Taschenlampe, einmal zur Hälfte und dann noch ein zweites Mal zur Hälfte. Das so entstandene Quadrat wird noch einmal von der Spitze aus zur Hälfte gefaltet.

In dieses dreimal gefaltete Papier schneiden die Kinder nun viele kleine Ecken und Löcher. Sie falten das Papier wieder auseinander und kleben das Lochmusterpapier mit Klebeband auf das Taschenlampenglas. Lustig ist es auch, wenn die Kinder eine Fratze in ein Papierblatt schneiden und es auf die Taschenlampe kleben.

Spielen & staunen

Der Raum wird verdunkelt und das Licht ausgemacht. Die Kinder machen ihre Taschenlampen an und werfen ihre Muster an die Wand. Sie experimentieren mit ihren Taschenlampen. Wenn sie ihre Taschenlampen gegen die Decke richten und drehen, entstehen richtige Discolichteffekte. Je näher sie ihre Taschenlampe an die Wand halten, umso deutlicher werden die Muster. Besonders das Fratzengesicht kommt erst richtig zur Geltung, wenn die Kinder es nah genug an die Wand halten.

Alter
ab 4 Jahren

Material
Papier
Schere
1 große Taschenlampe
Klebeband

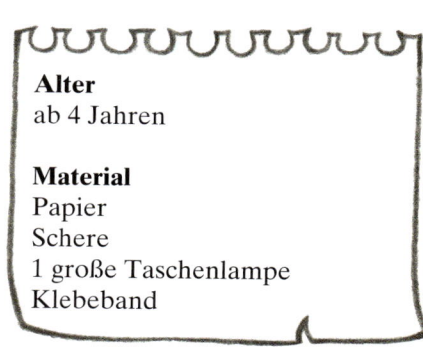

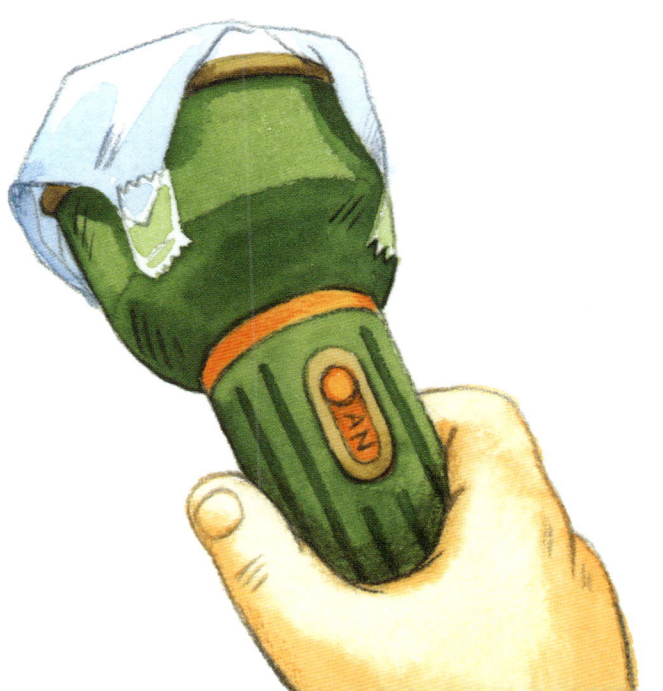

Murmellabyrinth

Alter
ab 5 Jahren

Material
1 runde Käseschachtel
Fotokarton, Bleistift
Schere, Klebstoff
kleine, spitze Schere
Glasmurmeln
Tacker, Filzstifte
evtl. größere Schachtel

Den Deckel der Käseschachtel legen die Kinder auf ein Stück Fotokarton und malen mit dem Bleistift rund um den Deckel einen Kreis darauf. Den Kreis schneiden sie aus und kleben ihn auf den Deckel. In den Deckel schneiden sie mit einer kleinen spitzen Schere Löcher. Manche sollen so groß sein, dass die Kugeln durchfallen, andere sollen aber so klein sein, dass die Kugeln nicht hindurchpassen.

Dann stecken die Kinder den Deckel wieder auf den Schachtelboden. Sie schneiden einen Streifen aus Fotokarton zu, der ca. 1,5 cm breiter als die Höhe der Käseschachtel und etwas länger als der Deckelumfang ist. Die Kinder legen den Streifen rund um die Schachtel und tackern die beiden Enden zusammen. Dann kleben sie den Ring an der Schachtel fest. Mit Filzstiften können die Kinder die Löcher des Minilabyrinths mit kleinen Mustern ummalen und eine Schlangenlinie vom Rand des Labyrinths aus um verschiedene Löcher herum bis hin zum mittleren Loch malen.

Hinweis: Natürlich können die Kinder auch ein großes Labyrinth aus einer größeren dafür geeigneten Schachtel anfertigen.

Bewegen & spielen

Die Spielregeln erfinden die Kinder selber. Sie legen z. B. vorher fest, in welches Loch sie die Kugel kullern lassen wollen oder sie versuchen die Kugel entlang der aufgemalten Linie in das Zielloch rollen zu lassen.

Mäusewettlauf

Der große Schuhkartondeckel ist das Spielfeld. Für die Tore schneiden die Kinder zwei Klopapierrollen zunächst einmal der Länge nach durch. Dann schneiden sie die beiden Rollen jeweils einmal quer durch. Bei jeder dieser aufgeschnittenen Rollen falten sie die Kanten ca. 1,5 cm nach außen, sodass sie die Tore schon sehr gut erkennen können. Jedes dieser Tore malen sie mit einem anderen Fingerfarbenton an, lassen die Farbe trocknen und kleben dann die vier Tore in den Schuhkartondeckel.

Die Kinder suchen sich 4 Walnussschalenhälften aus. Sie legen unter jede Hälfte eine Glasmurmel und probieren aus, ob sie gut rollen. Sobald sie 4 gut funktionierende Walnusshälften gefunden haben, malen sie den Mäuschen mit wasserfesten Filzstiften Augen und Schnäuzchen an. Aus buntem Papier in den Farben der Tore schneiden sie kleine Ovale aus, knicken diese ein Stück um und kleben sie als Ohren an die Nusshälften. Zum Schluss kleben sie den Mäusen noch einen kleinen Wollfaden als Schwanz an – und schon kann das Rennen losgehen.

Alter
ab 5 Jahren

Material
1 großer Schuhkartondeckel
2 Klopapierrollen
Schere
Fingerfarben
Klebstoff
4 halbe Walnussschalen
wasserfeste Filzstifte
buntes Papier
Wollreste

Spielen & bewegen

Die Kinder nehmen den Karton in die Hand und lassen die Mäuse auf dem Deckel herumflitzen. Die Spielregeln können sie sich selber ausdenken. Entweder lassen sie die Mäuse einfach in irgendein Tor flitzen, oder sie nehmen sich vor, dass alle Mäuse in den farblich passenden Toren – und das vielleicht auch noch mit dem Schnäuzchen nach vorne – landen müssen. Es können auch zwei Kinder gemeinsam versuchen, die Mäuse auf einem Deckel in die Tore huschen zu lassen. Das ist besonders schwierig, weil die Kinder ihre Bewegungen aufeinander abstimmen müssen.

Alter
ab 5 Jahren

Material
fester Karton
Filzstifte
kleine Kette
evtl. kleine Zange
Nadel
Faden

Witziges Nasenbild

Auf einen festen Karton malen die Kinder einen einfachen Kopf in Seitenansicht, dem aber die Nase fehlt. An der Stelle, an der die Nase sitzen soll, unterbrechen die Kinder einfach die Filzstiftmallinie. Nun legen sie eine kleine Kette als Nase an das Bild. Sollte die Kette zu lang sein, kürzen sie die Kette mit einer kleinen Zange mit der Unterstützung eines Erwachsenen auf die richtige Länge.

Mit einer Nadel und einem Faden nähen sie die beiden Enden der Kette an den entsprechenden Stellen ihres Bildes fest an den Pappkarton.

Spielen & staunen

Durch das Hin- und Herbewegen des Bildes rutscht die Kette immer wieder in andere Positionen und das Gesicht bekommt ganz viele verschiedene, lustige Nasenformen.

Schachtelmonster

Die Kinder bekleben die Streichholzschachtel mit schönem Papier. Sie schneiden zwei Streifen in einer Breite von ca. 1,5 cm und einer Länge von jeweils ca. 40 cm zu. Sollte die Größe des Papiers nicht für 40 cm lange Streifen ausreichen, können die Kinder den Streifen auch aus mehreren Papierstreifen zusammenkleben.

Dann kleben sie die beiden 40 cm langen Streifen an den Enden im rechteckigen Winkel aufeinander und falten nun abwechselnd immer einen über den anderen Streifen zu einer Hexentreppe. Die Enden der beiden Streifen kleben sie ebenfalls zusammen. Diese Hexentreppe kleben sie vorne in die Streichholzschachtel (nicht in die Mitte!).

Aus einem andersfarbigen Stückchen Papier schneiden die Kinder einen kleinen Monsterkopf aus, schneiden oben mit ein paar kleinen Schnitten „Haare" ein und malen mit Filzstiften ein Gesicht darauf. Den Kopf kleben sie an die Hexentreppe.

Spielen & staunen

Die Kinder dehnen die Hexentreppe weit auseinander. Beim Schließen der Schachtel stopfen sie das Monster vorsichtig hinein.
Wenn sie nun die Schachtel aufschieben, springt ihnen ihr kleines Monster entgegen.

Alter
ab 5 Jahren

Material
1 Streichholzschachtel
Klebstoff
buntes Papier
Schere
Filzstifte

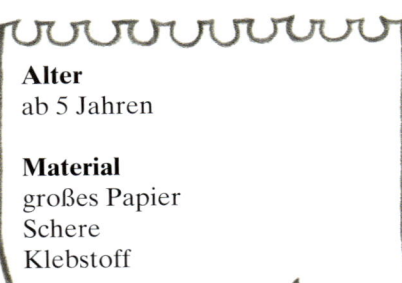

Alter
ab 5 Jahren

Material
großes Papier
Schere
Klebstoff

Zauberring

Für diesen Zaubertrick benötigen die Kinder mehrere ganz lange Papierstreifen. Um nicht zu viele einzelne Streifen für einen Streifen zusammenkleben zu müssen, ist es natürlich praktisch, wenn sie möglichst große Papierblätter haben. Sie schneiden 5 cm breite Streifen zu und kleben sie so lange zusammen, bis die Streifen ungefähr 1,20 m lang sind. Dann kann es schon mit dem faszinierenden Zaubertrick losgehen.

Spielen & staunen

Ein Kind zeigt als Zauberer den Zuschauern die langen Papierstreifen. Der Zauberer gibt einem Zuschauer einen Streifen, Klebstoff und eine Schere und sagt, er solle alles dem Zauberer nachmachen.
Der Zauberer fordert den Zuschauer auf, den Streifen zu einem Ring zusammenzukleben.
Der Zauberer klebt seinen langen Papierstreifen am besten auf einem Tisch in einem gewissen Abstand zu den Zuschauern zu einem Ring zusammen.

Wichtig: Damit der Trick funktioniert, dreht der Zauberer aber ein Ende des Papierstreifens heimlich einmal um 180°, ohne dass dies den Zuschauern auffällt. Das üben die Kinder ein paar Mal, bevor sie den Zaubertrick vorführen.
Nun stechen der Zauberer und der mitmachende Zuschauer mit der Schere an irgendeiner Stelle ihrer Streifen in Längsrichtung in der Mitte in die Streifen und schneiden sie der ganzen Länge nach in 2 Streifen von je 2,5 cm. Während des Schneidens redet der Zauberer mit den Zuschauern und fragt sie, was sie glauben, was nun aus den Streifen wird.
Die Zuschauer werden sagen: „Ja, natürlich zwei Ringe!"
Aber die Verblüffung ist groß, bei dem Zuschauer werden es wirklich 2 Ringe, aber bei dem Zauberer wird ein einziger riesiger Ring daraus!

Auf Wunsch der Zuschauer wiederholt der Zauberer das Experiment. Dafür fordert er einen anderen Zuschauer auf, es auch auszuprobieren. Aber diesmal dreht der Zauberer den Streifen um 360°, bevor er ihn zusammenklebt. Dann schneiden der Zauberer und der Zuschauer wieder die Ringe in der Mitte auseinander. Auf die Frage an die Zuschauer, was wohl nun daraus werde, antworten die Zuschauer bestimmt: „Bei dem Zauberer wird es wieder ein großer Ring!"
Falsch! Denn jetzt – hokus pokus fidibus – werden daraus zwei ineinanderhängende Ringe.

Übrigens: Ein Trick, der nie schief gehen kann! Nur das Verdrehen des Streifens des Zauberers am Anfang darf niemandem auffallen!!!

Zaubertüte

Alter
ab 6 Jahren

Material
buntes Papier (DIN A4)
kleine Sternchenaufkleber
1 kleine Münze
evtl. 1 kleines, dünnes
Stoffstückchen

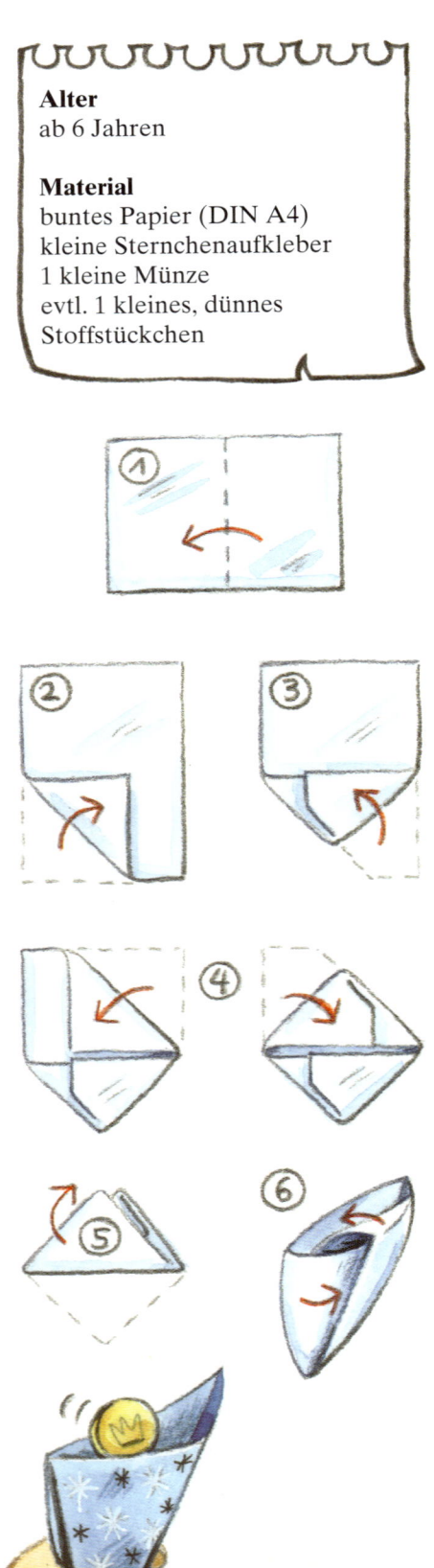

Für die Zaubertüte benötigt jedes Kind ein buntes Papier in DIN-A4-Größe. Dieses falten die Kinder Schritt für Schritt zu einer Tüte:

1. Das Papier mit den beiden kürzeren Papierkanten aufeinanderlegen, falten und wieder auseinander klappen.
2. Das Papier hochkant vor sich hinlegen,
3. Die linke untere Ecke nach rechts oben bis zur Mittellinie des Papiers ziehen und falten, die rechte untere Ecke nach links oben bis zur Mitte ziehen und falten.
4. Nach dem gleichen Prinzip die obere rechte Ecke zur Mitte falten und die linke obere ebenfalls zur Mitte falten
5. Das so entstandene Quadrat diagonal nach oben zum Dreieck falten
6. Die jetzt innen in dem Dreieck liegenden Papierecken so ineinander stecken, dass eine von beiden Seiten offene Tüte entsteht.

Diese Tüte bekleben die Kinder auf beiden Seiten möglichst gleichmäßig mit kleinen Sternchenaufklebern.

Spielen & staunen

Nun wird ganz im Geheimen geübt:
Das Kind hält seine Tüte wie eine Bonbontüte in der Hand und schaut oben in die offene Tüte. Es zeigt den Zuschauern die leere Tüte, legt eine kleine Münze oder ein kleines dünnes Stück Stoff in seine Tüte und presst die Tüte flach aufeinander. Dabei redet es die ganze Zeit mit den Zuschauern, wechselt die Tüte mehrmals von der einen in die andere Hand oder legt sie zwischendurch auf den Tisch. Begleitet von einem Zauberspruch nimmt es die Tüte wieder hoch und öffnet sie – hokus pokus – an der anderen Seite. Es lässt die Zuschauer hineinschauen – und tatsächlich, das Geldstück bzw. das Tuch ist weg!

Das üben die Kinder ein paar Mal vor der Vorführung vor Publikum, denn die Zuschauer sollen nicht merken, wie die Kinder die Tüte in der Hand umdrehen – und schon sind alle von der Zauberei fasziniert.

Alles was schwebt und fliegt

Ufo

Alter
ab 2 Jahren

Material
1 Pappteller
Schere
Fingerfarben

Die Kinder schneiden den Rand eines Papptellers mit der Schere mehrfach ein, so dass es am Ende möglichst eine gerade Anzahl von Randstücken sind. Jedes zweite Randstück klappen sie nach oben und die übrigen Ecken nach unten.

Mit Fingerfarben malen die Kinder ihre Ufos bunt an. Dabei sollen sie aber möglichst wenig Farbe verwenden, damit ihre Ufos nicht zu schwer werden. Während der Trocknungsphase formen die Kinder ihre Ufos hin und wieder in die richtige, regelmäßige Form.

Bewegen & spielen

Sobald die Farben getrocknet sind, werfen die Kinder ihre Ufos wie ein Frisbee in die Luft und schauen zu, wie ihre fliegenden Untertassen dahingleiten.

Fliegende Perlen

Alter
ab 3 Jahren

Material
Perlen (ca. 1,5–2 cm dick)
bunte Federn
Streichhölzer
3 Konservendosen in
verschiedenen Größen
buntes Papier
Schere
Klebstoff
wasserfeste Filzstifte

Die Kinder stecken 3 oder 4 bunte Federn in das Loch einer Holzperle. Zur Befestigung der Federn stecken sie zusätzlich ein Streichholz in das Loch und brechen das restliche Holzstückchen ab. Jedes Kind sollte sich ruhig gleich 2 oder 3 fliegende Perlen basteln.

Zur Verzierung der Konservendosen schneiden die Kinder jeweils um die 3 Dosen passende Papierstreifen in unterschiedlichen Farben zu und kleben sie mit Klebstoff um die Dosen. Größere Kinder schreiben auf die größte Dose die Zahl 1, auf die mittlere eine 2 und auf die kleinste eine 3. Die kleinste Dose erhält so die höchste Punktzahl.

Spielen & bewegen

Die Dosen werden zusammen auf den Boden gestellt. Kleinere Kinder setzen sich im Kreis rund um die Dosen und zielen ihre Perlen in die Dosen, ohne auf die Zahlen zu achten. Ältere Kinder legen gemeinsam eine Wurflinie fest und stellen die Dosen so auf, dass die aufgemalten Punkte zu sehen sind. Jedes Kind darf dann z. B. 5-mal werfen. Wer die meisten Punkte erzielt hat, hat gewonnen.

Korkenpfeile

Die Kinder stechen mithilfe eines Erwachsenen ein Loch in den Boden eines Sektkorkens und stecken ein Schaschlikstäbchen mit der Spitze hinein. Jedes Kind sucht 4 oder 5 schöne bunte Federn aus und schneidet ein Stückchen Garn ab. Nun legen die Kinder die Federn um das Ende des Schaschlikstäbchens und wickeln das Garn ein paar Mal fest um das Stäbchen. Sie verknoten die Bandenden miteinander und schneiden die überstehenden Enden ab.

Alter
ab 3 Jahren

Material
Sektkorken, Dorn
Schaschlikstäbchen
bunte Federn, Garn, Schere
Straßenkreide

Spielen & bewegen

Draußen malen die Kinder mit Straßenmalkreide eine riesengroße Zielscheibe mit mehreren Ringen auf den Boden. Sie legen gemeinsam eine Wurflinie fest, von der aus sie nun ihre Pfeile auf die Zielscheibe werfen. Ziel ist es, die Pfeile möglichst ins Zentrum der Zielscheibe zu werfen.

Die Kinder können auch eine Zielscheibe in den Sand malen oder Kreise mit Bändern, Reifen oder Ringen auf den Boden legen. Auch das Zielen mit den Korkenpfeilen in einen großen Karton oder durch einen herabhängenden Ring macht großen Spaß.

Fliegende Untertassen

Jedes Kind benötigt für das Spiel auf jeden Fall zwei ganz ähnlich beklebte und bemalte Bierdeckel. Am besten wählt jedes Kind zur Unterscheidung der Bierdeckel eine andere Papierfarbe aus. Sollten nur 2 bis 4 Kinder das Spiel zusammen spielen, sollte sich jedes Kind besser gleich 5 ähnliche Bierdeckel basteln.

Die Kinder streichen die Bierdeckel mit Klebstoff bis ganz an den Rand ein und pressen sie mit der Klebstoffseite auf das gewählte Papier. Sobald der Klebstoff etwas getrocknet ist, schneiden sie rund um den Bierdeckel das überstehende Papier ab. So bekleben sie auch die Rückseiten der Bierdeckel mit dem gleichen Papier.

Diese bunten Bierdeckel bemalen die Kinder oder bekleben sie mit schönen Aufklebern auf beiden Seiten. Alle Kinder sollten jeweils ihre Bierdeckel ganz ähnlich bemalen oder bekleben, damit sie auf den ersten Blick erkennen können, welche Deckel zusammenpassen und wem sie gehören.

Einen einzelnen – ganz besonders gut zu erkennenden Bierdeckel – beklebt und bemalt ein Kind für alle zusammen von beiden Seiten, z. B. mit einer Krone. Das ist der Königsdeckel.

Bewegen & spielen

Alle Kinder stellen sich draußen im Garten oder in einem großen Raum hinter eine festgelegte Linie. Ein Kind darf den Königsdeckel wegwerfen. Dann versuchen alle Kinder der Reihe nach mit einem ihrer fliegenden Bierdeckel so nah wie möglich an den Königsdeckel heran zu werfen. Dann folgt die zweite Runde. Wer zum Schluss mit einem seiner Deckel am nächsten am Königsdeckel liegt, ist König oder Königin und darf für die nächste Runde den Königsdeckel werfen.
Hinweis: Wenn wenig Kinder mitspielen, sollten alle Kinder mit mehreren Deckeln spielen.

Papierschleuder

Mit der Schere schneiden die Kinder das enge Stück des Luftballons ab. Sie spannen den Luftballon über eine Öffnung der Klopapierrolle. Mit Klebeband befestigen sie den Luftballon an der Rolle.

Zur Verschönerung der Papierrollen schneiden die Kinder ein Stück schönes Papier zu, das sie rund um die Rolle kleben.

Bewegen & spielen

Die Kinder knubbeln Papierreste zu Kugeln. Sie stecken eine Papierkugel in die Papprolle, ziehen hinten an dem Luftballon und lassen ihn ruckartig wieder los. So fliegt die Kugel durch die Luft. Die Kinder zielen mit ihren Papierkugeln in einen aufgestellten Behälter oder stellen einen Pappstreifen auf, den sie mit den Papierkugeln umkippen können.

Hinweis

Erwachsene müssen aufpassen und die Kinder darauf aufmerksam machen, dass sie nur Papier und keine kleinen, gefährlichen Gegenstände mit der Schleuder durch die Luft schießen dürfen, damit sie niemanden verletzen können.

Alter
ab 3 Jahren

Material
1 Luftballon
Schere
1 Klopapierrolle
Klebeband
schönes Papier
Klebstoff

①

②

③

Mondrakete

Die Klopapierrollen schneiden die Kinder einmal der Länge nach auf und schneiden einen 2-3 cm großen Streifen heraus. Sie stülpen die Klopapierrolle über die dünne Papprolle und drücken sie so zusammen, dass die Klopapierrolle so dick ist, dass sie gerade gut und locker auf der Papprörre steckt. Mit Klebeband kleben sie die Klopapierrolle in der passenden Größe zusammen.

Mit einem runden Gegenstand, der einen Durchmesser von ungefähr 10 cm hat, malen die Kinder einen Kreis auf den Fotokarton. Sie schneiden den Kreis aus und halbieren ihn. Eine Hälfte drehen sie zu einer Spitze, kleben sie mit Klebeband zusammen und befestigen sie als Raketenspitze ebenfalls mit Klebeband an der zugeschnittenen Klopapierrolle.

In einem Glas rühren die Kinder mit dem Pinsel etwas Kleisterpulver und Wasser zu Kleister an und lassen ihn kurz ruhen. Das bunte Transparentpapier reißen sie in kleine Schnipsel. Sie streichen die ganze Rakete, mit Kleister ein, legen Transparentpapierschnipsel darauf und streichen wieder Kleister über die Papierschicht. Sie kleistern so viele Schnipsel auf die Rakete bis sie ganz bunt mit Schnipseln bedeckt ist. Dann stellen sie die Rakete zum Trocknen.

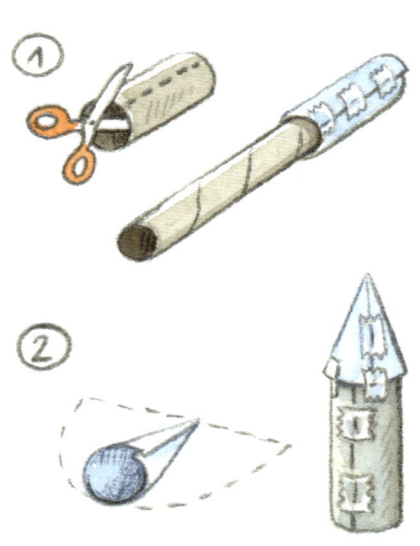

Spielen & bewegen

Sobald die Raketen getrocknet sind, können die Mondraketen starten. Die Kinder stecken ihre Rakete auf die dünne Papprolle. Nun pusten sie ganz kräftig durch das offene Ende der Papprolle und schon fliegt die Rakete im hohen Bogen durch das Zimmer.

Flatterfolienring

Die Kinder schneiden den oberen Teil der Tasche mit den Griffen und die rechte und linke Kante von der weißen Plastiktüte ab. Sie klappen die Tüte auf und schneiden 4 bis 5 cm breite Streifen zu. Jedes Kind benötigt 3 oder 4 solcher Streifen. Sie malen mit wasserfesten Folien- oder Lackstiften schöne, bunte Muster auf die Streifen.

Die fertigen Streifen knoten die Kinder in der Mitte der Streifen an einen Einmachgummiring, sodass 6 oder 8 Bänder an dem Ring hängen.

Bewegen & spielen

Mit ihrem Gummiring in der Hand laufen die Kinder durch die Gegend und lassen ihre schönen bunten Bänder hinter sich her flattern. Das tolle an diesem Spielzeug ist, dass die Kinder sich selbst auf kleinem Raum damit bewegen können, ohne dass eine Verletzungsgefahr durch Stöcke oder andere harte Gegenstände besteht. Die Kinder können ihren Flatterring auch am Roller, am Fahrrad oder im Garten an einer windigen Stelle befestigen.

Alter
ab 3 Jahren

Material
1 weiße Plastiktüte
Schere
wasserfeste Filz- oder Lackstifte
1 Einmachgummiring

Fallschirmspringer

Für den Fallschirm schneiden die Kinder ein dünnes Stück Stoff ungefähr in der Größe von 35 x 35 cm zu. Sie schneiden 4 Fäden in einer Länge von ca. 40 cm von dem dünnen Garn ab und knoten an jede Ecke des Fallschirms einen Faden.

Die Kinder legen die Ecken mit den angeknoteten Fäden aufeinander, führen alle Fäden zusammen und knoten sie im Abstand von ca. 35 cm vom Fallschirm mit einem Knoten zusammen. An die Fadenenden knoten sie als Fallschirmspringer eine Spielfigur.

Lustig sieht es aus, wenn die Kinder sich selber einen Fallschirmspringer basteln. Dazu drehen sie eine Schrauböse oben in den Sektkorken. Sie malen mit Filzstiften dem Korken ein Gesicht auf und kleben ein paar Wollfäden als Haare auf den Kopf. Den Fallschirm knoten sie mit den Fadenenden an die Schrauböse.

Spielen & bewegen

Das Spiel mit dem Fallschirmspringer kann sofort losgehen. Die Kinder werfen ihren Fallschirmspringer hoch in die Luft und schauen zu, wie er zu Boden sinkt. Damit der Fallschirmspringer tiefer fallen kann, können sie auch auf einen Stuhl steigen und ihn von dort aus loswerfen. Besonderen Spaß macht es natürlich, den Fallschirmspringer – unter Aufsicht von Erwachsenen – von etwas höheren Stellen, z. B. vom Hochbett, im Treppenhaus oder auf dem Spielplatz von Klettergerüsten schweben zu lassen.

Strohhalmflieger

Auf das bunte Papier malen die Kinder mit Lineal und Bleistift zwei ca. 2,5 cm breite Papierstreifen. Der eine Streifen
soll ca. 30 cm und der andere ca. 18 cm lang sein. Die Kinder schneiden die Streifen aus und kleben sie mit Klebe-
bandstückchen zu zwei Ringen zusammen.

Diese beiden Ringe kleben die Kinder auch mit Klebeband
so an den Strohhalm, dass beide Ringe oben in einer Linie
befestigt sind. Und schon sind die lustigen Flieger fertig.

Spielen & bewegen

Die Kinder fassen ihre Strohhalmflieger mit zwei Fingern
zwischen den Papierringen an und werfen sie – mit dem
kleinen Ring voran – wie einen Papierflieger in den Raum.
Die Strohhalmflieger drehen sich um die eigene Achse und
schweben sanft auf den Boden.

Alter
ab 4 Jahren

Material
buntes Papier, Bleistift
Lineal, Schere
1 Strohhalm, Klebeband

Luftkissenboot

Mit der Unterstützung eines Erwachsenen trennen die Kinder mit der Schere den Boden des Joghurtbechers ab.

In die Mitte des Bodens der Margarineschachtel schneiden
sie ein so großes Loch, dass sie den Joghurtbecher hineinstecken können und dieser ungefähr 1 cm in der Margarineschachtel versinkt. Auch sollte das Loch möglichst kreis-
rund sein, damit keine Luft zwischen Becher und Margari-
netopfwand entweichen kann. (Eventuell später mit etwas
Klebeband oder etwas Knete abdichten!)

Die Kinder bemalen die beiden Becher mit Acrylfarbe und
lassen die Farbe trocknen.

Alter
ab 5 Jahren

Material
1 eckige Margarinedose
(möglichst leicht)
Schere, 1 Joghurtbecher
Acrylfarbe, Pinsel, Wasserglas
evtl. Klebeband oder Knete

Spielen & bewegen

Jetzt kann der Spaß losgehen. Die Kinder stecken den
Joghurtbecher in das Loch der Margarineschachtel, stellen das
Luftkissenboot auf einen glatten Tisch und pusten einfach
kräftig oben in den Becher. Die Schachtel bewegt sich tatsächlich wie ein Luftkissenboot auf dem Meer über den Tisch.

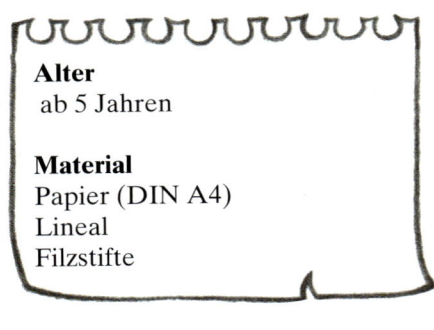

Papierflieger

Der klassische Papierflieger lässt sich ganz einfach aus einem DIN-A4-Blatt in folgenden Schritten falten:

1. An einer kurzen Seite des Blattes einen ca. 6 cm breiten Streifen nach innen falten.
2. Die beiden langen Kanten des Papiers aufeinanderlegen, falten und wieder auseinander klappen.
3. An der Seite, an der zu Beginn der 6 cm Streifen eingeklappt worden ist, die beiden Ecken in die Mitte ziehen und die kurzen Kanten jeweils in die Mitte falten.
4. Das Papier längs in der Mitte aufeinanderfalten.
5. Für die Flügel des Flugzeugs die Längsseiten wieder ca. 6 cm zurückfalten.
6. Hinten am Flieger ein Stück der Mittellinie nach innen drücken.

Ihre fertigen Flieger bemalen die Kinder mit Filzstiften.

Spielen & bewegen

Und dann kann das Fliegen losgehen. Welcher Flieger dreht die schönsten Kurven, welcher fliegt am weitesten, höchsten … und welchem gelingt die ungewöhnlichste Bruchlandung?

Windsack

Mit der Schere schneiden die Kinder den oberen Rand des Joghurtbechers ungefähr in einer Breite von 2 cm ab. In diesen Ring bohren sie mit dem Dorn an zwei sich gegenüberliegenden Seiten ein Loch. Dann stecken sie ein ca. 50 cm langes Band mit den Enden durch die Löcher in dem Ring und knoten es fest.

Die Kinder schneiden ein Stück Seidenpapier mit einer Länge von 40 bis 50 cm und einer Breite von 30 cm zu. Dieses bemalen sie bunt mit Wasserfarben und lassen es trocknen.

Sobald das Seidenpapier getrocknet ist, wickeln sie es mit der kurzen Seite um den Joghurtbecherring, kürzen es unter Umständen in der Breite noch etwas ein und tackern es rundum an den Ring. Den unteren Teil des Windsacks schneiden die Kinder der Länge nach in Streifen, ca. 15 cm am oberen Rand werden nicht zerschnitten.

Variante

Für einen wetterfesten Windsack können die Kinder alternativ zum Seidenpapier auch bunte Plastiktüten verwenden.

Bewegen & staunen

Die Kinder suchen im Garten einen möglichst hohen und windigen Standort für ihren Windsack aus. Sie befestigen ihn dort mit dem Band an einem Haken, im Baum oder am Ende eines langen Stockes. Dann muss nur noch der Wind kommen und der Windsack beginnt sich aufzublähen und zu flattern.

Alter
ab 5 Jahren

Material
1 großer Joghurtbecher
Schere, Lineal, Dorn
festes Band
dünnes Seidenpapier
Wasserfarben
Glas, Pinsel, Tacker
evtl. Plastiktüten

Hinweis
Seidenpapier gibt es in Geschäften, die Porzellan- und Glaswaren anbieten – einfach nachfragen!

Hubschrauber

Mithilfe der Schablone „Hubschrauber" übertragen die Kinder die Form so auf das Regenbogenpapier, dass der Hubschrauber aus mehreren schönen Farben besteht. Mit Lineal und Bleistift übertragen sie die angegebenen durchgezogenen und gestrichelten Linien auf das Regenbogenrechteck.

Die Kinder schneiden die durchgezogenen Linien ein und falten entlang der gestrichelten Faltlinie ein Hubschrauberblatt in die eine Richtung und eins in die andere. Für die Senkrechte des Hubschraubers falten sie die beiden äußeren Streifen jeweils über den mittleren Streifen. Mit ein paar Tropfen Klebstoff kleben sie den Schaft etwas zusammen. Das untere Ende falten sie ungefähr 1 cm um und stecken eine Büroklammer darauf.

Variante

Alternativ zu dem Hubschrauber aus Regenbogenpapier können die Kinder die Schablone auch auf einfaches, weißes Papier übertragen und den Hubschrauber zum Schluss mit Filzstiften bunt anmalen.

Spielen & staunen

Die Kinder werfen die Papierhubschrauber mit den Stielen zuerst nach vorne in die Luft. Sie werden garantiert viel Spaß an ihren sich lustig drehenden Hubschraubern haben.

Am besten fliegen die Hubschrauber, wenn die Kinder sie aus einer gewissen Höhe – unter Aufsicht eines Erwachsenen – herunterfliegen lassen, z. B. von einem Klettergerüst oder von einem selbstgebauten Kletterparcours beim Turnen.

Anhang

Schablonen

Anleitung zur Herstellung der Schablonen

Die gewünschte Form wird von der Schablonenvorlage auf ein Stück Pappe übertragen. Zuerst wird dünnes, durchscheinendes Papier über die entsprechende Form gelegt. (Mit einer Büroklammer oben an der Seite fixieren, damit nichts verrutschen kann!) Die durchschimmernden Umrisse werden mit einem Bleistift auf dem Papier nachgezeichnet. Die so auf das Papier kopierte Form wird ausgeschnitten, auf ein Stück Pappe gelegt und mit dem Bleistift ummalt. Nun kann die Pappschablone ausgeschnitten werden.

Schnelle Variante

Verwenden Sie alte, feste Folien (z. B. von Verpackungsmaterial) und Permanentmarker, um die Umrisse zu übertragen.
Sie müssen diese nur noch ausschneiden – fertig ist die Schablone!

Hinweis

Lassen Sie die Kinder ruhig so früh wie möglich die Schablonen selbst anfertigen – es muss nicht alles perfekt sein!

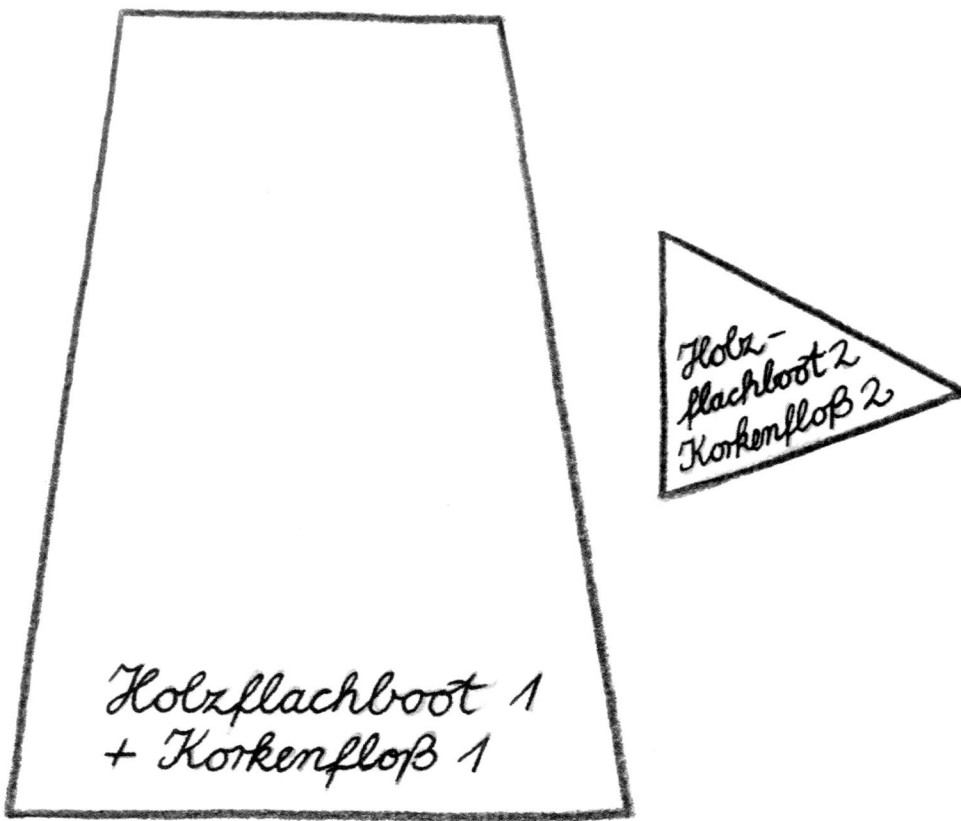

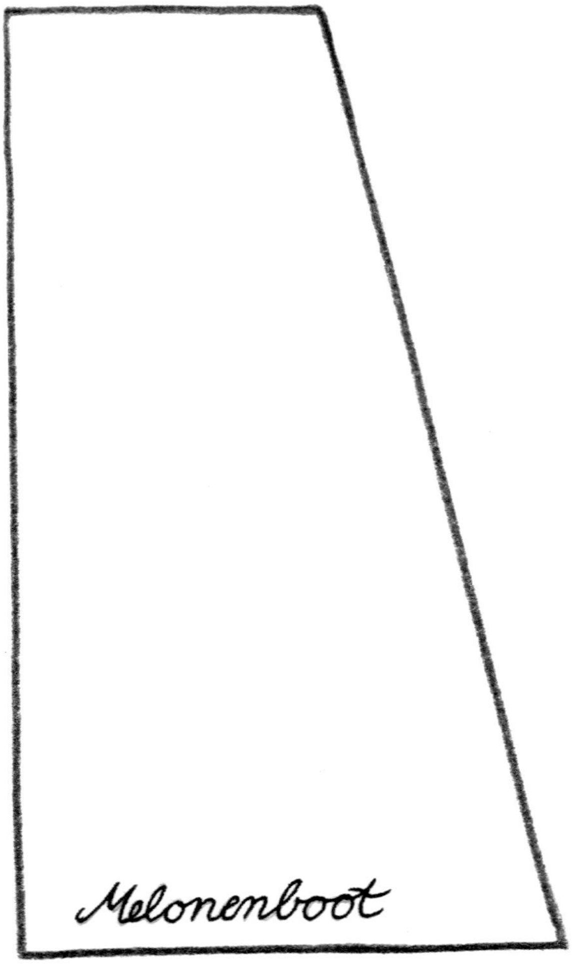

Melonenboot

Laufender Igel 2

Gackerhuhn

Laufender Igel 1

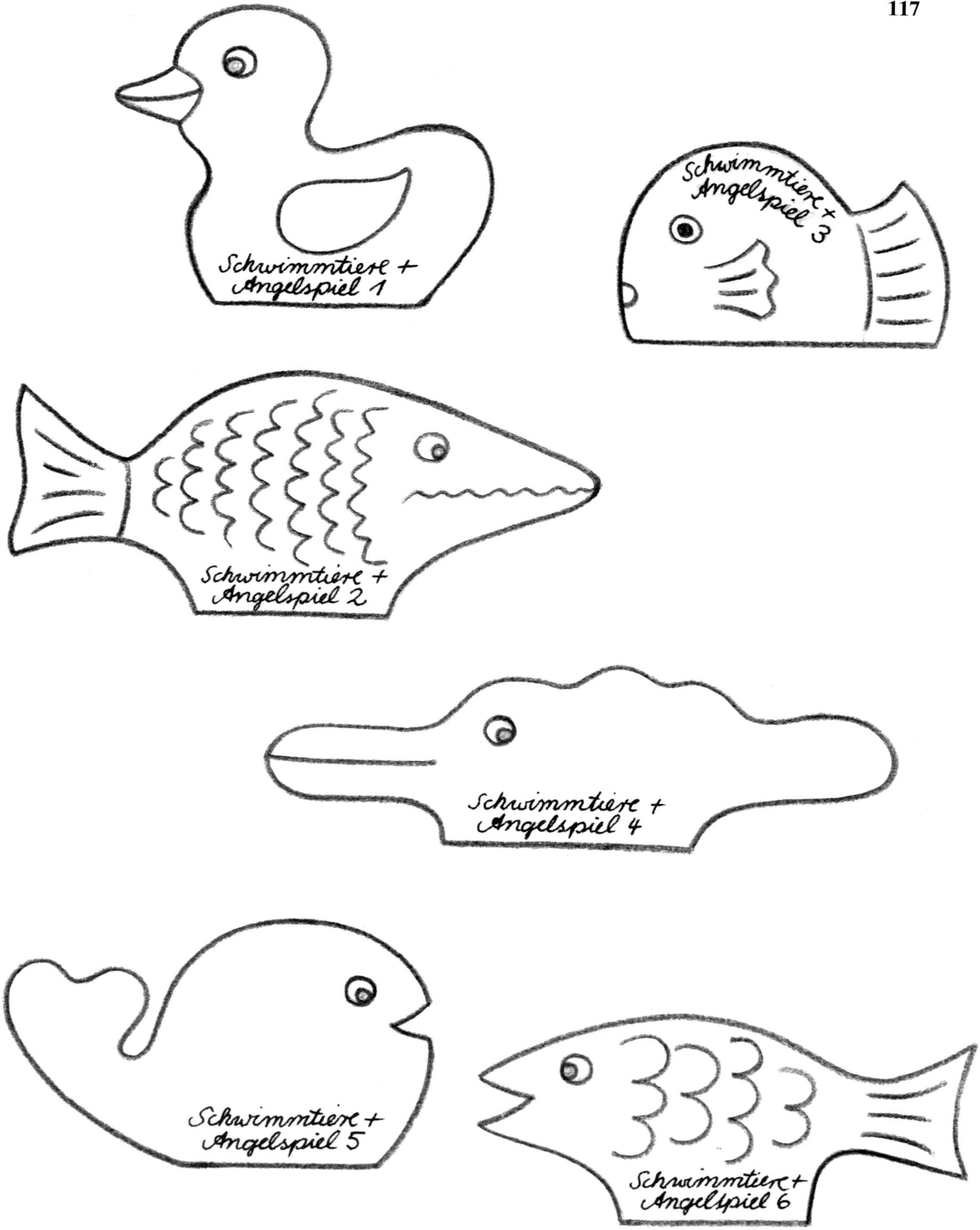

Schwimmtiere + Angelspiel 1

Schwimmtier + Angelspiel 3

Schwimmtiere + Angelspiel 2

Schwimmtiere + Angelspiel 4

Schwimmtiere + Angelspiel 5

Schwimmtier + Angelspiel 6

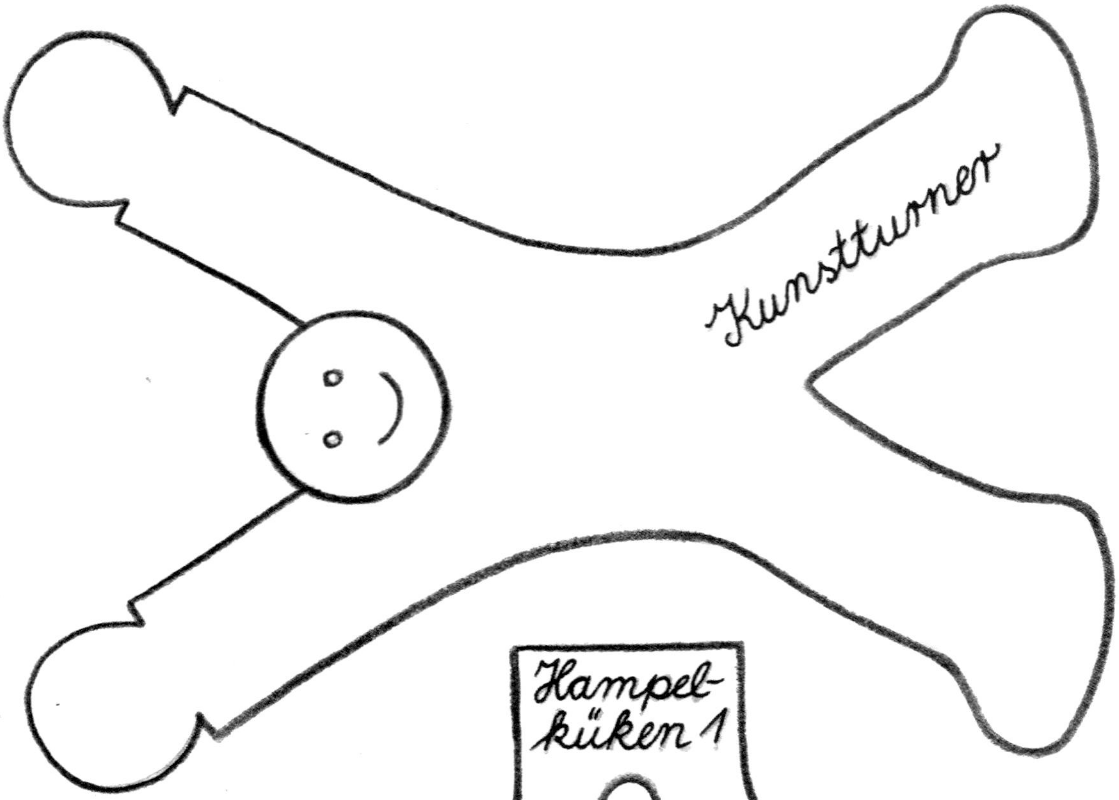

118

Kunstturner

Hampel-
küken 1

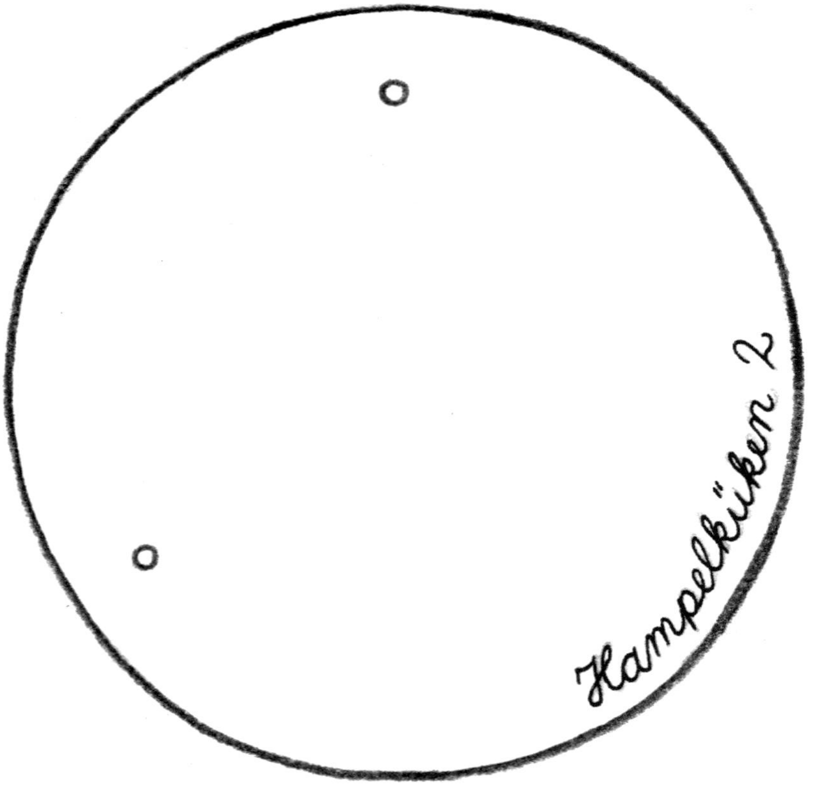

Hampelküken 2

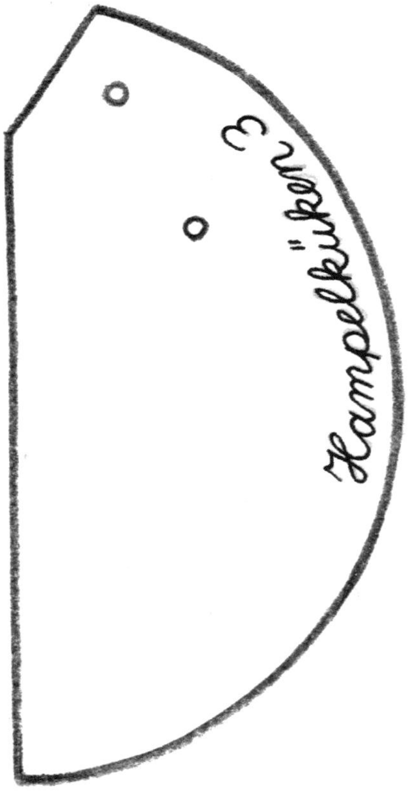

Hampelküken 3

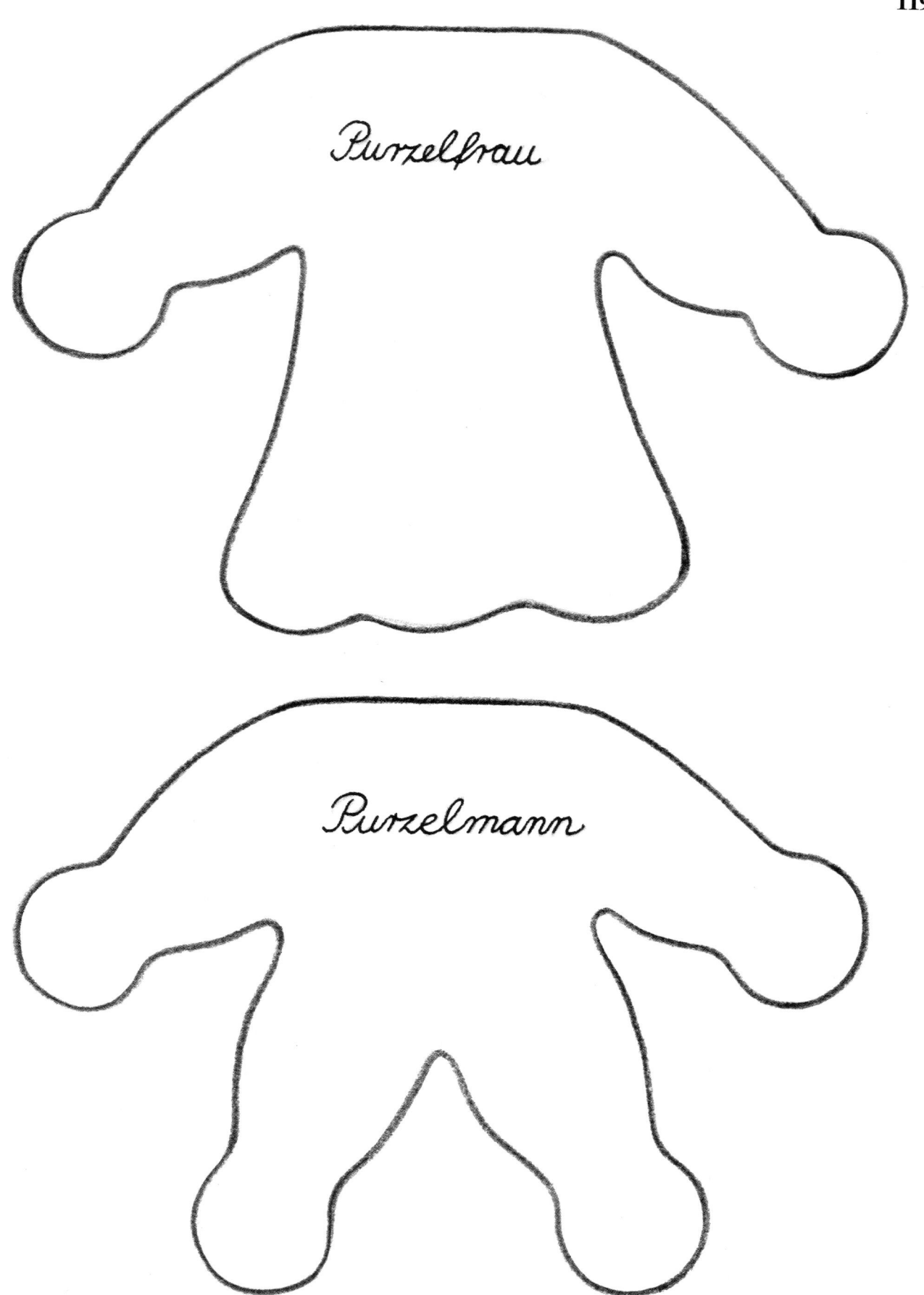

Laufende Pappfiguren 1

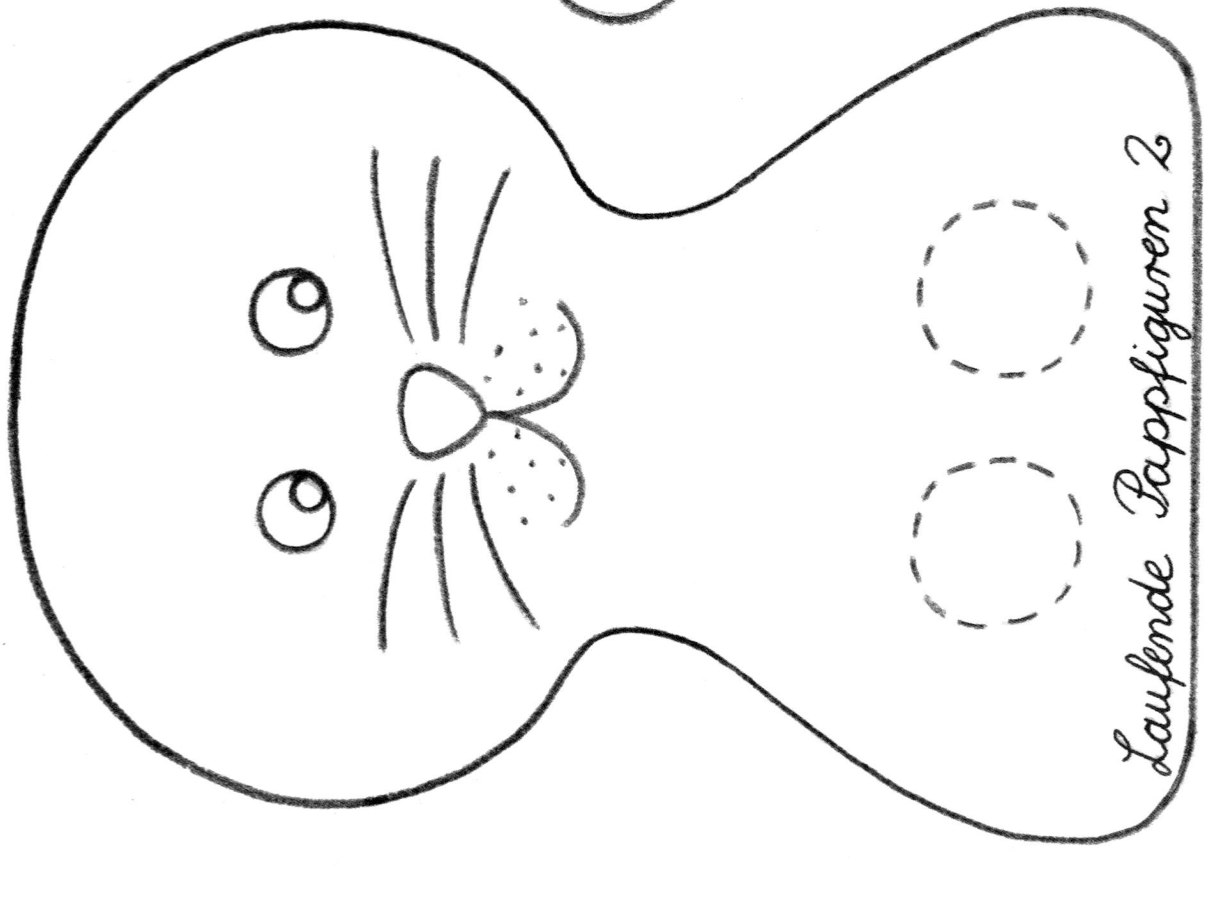

Laufende Pappfiguren 2

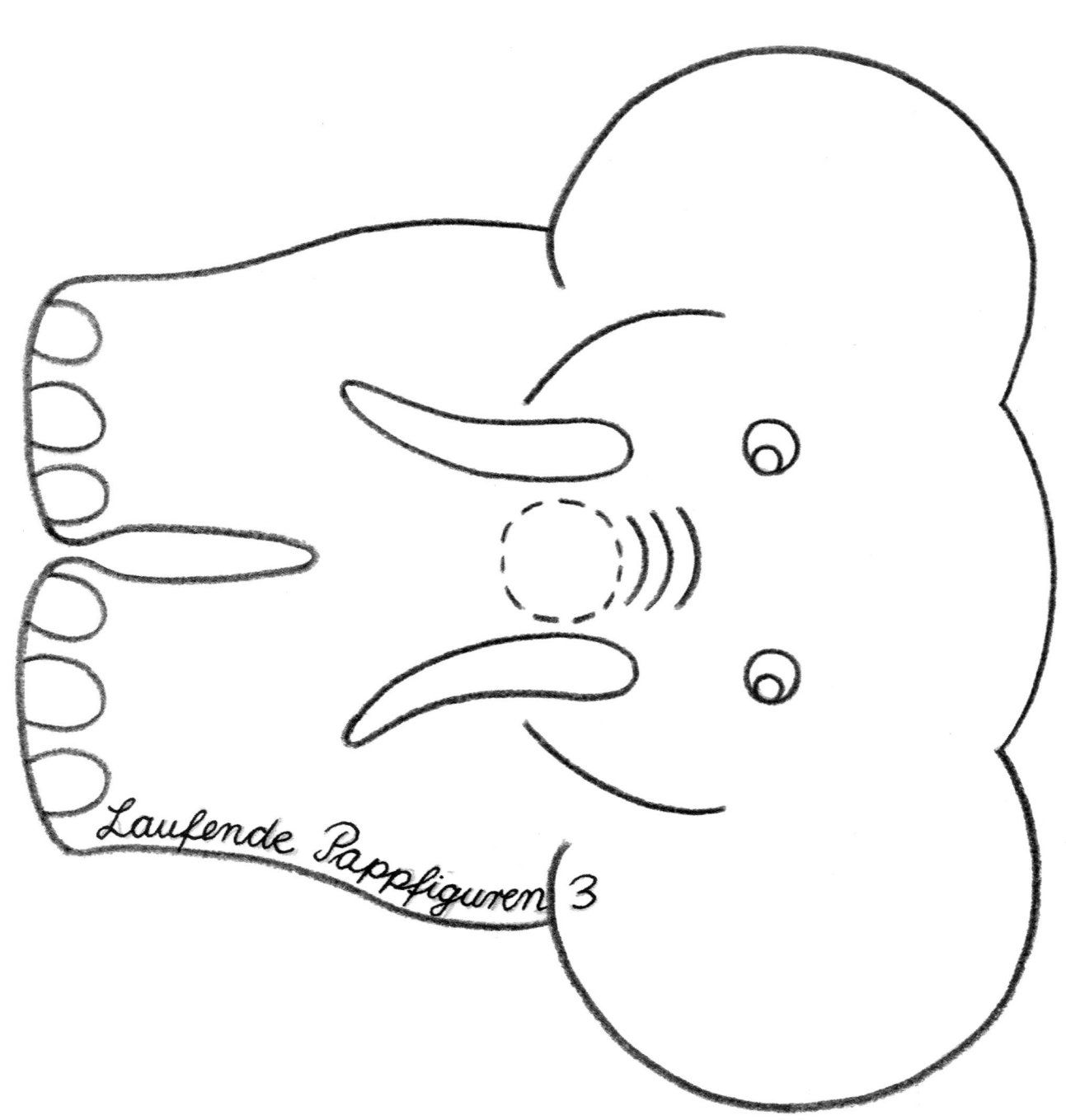

Laufende Pappfiguren 3

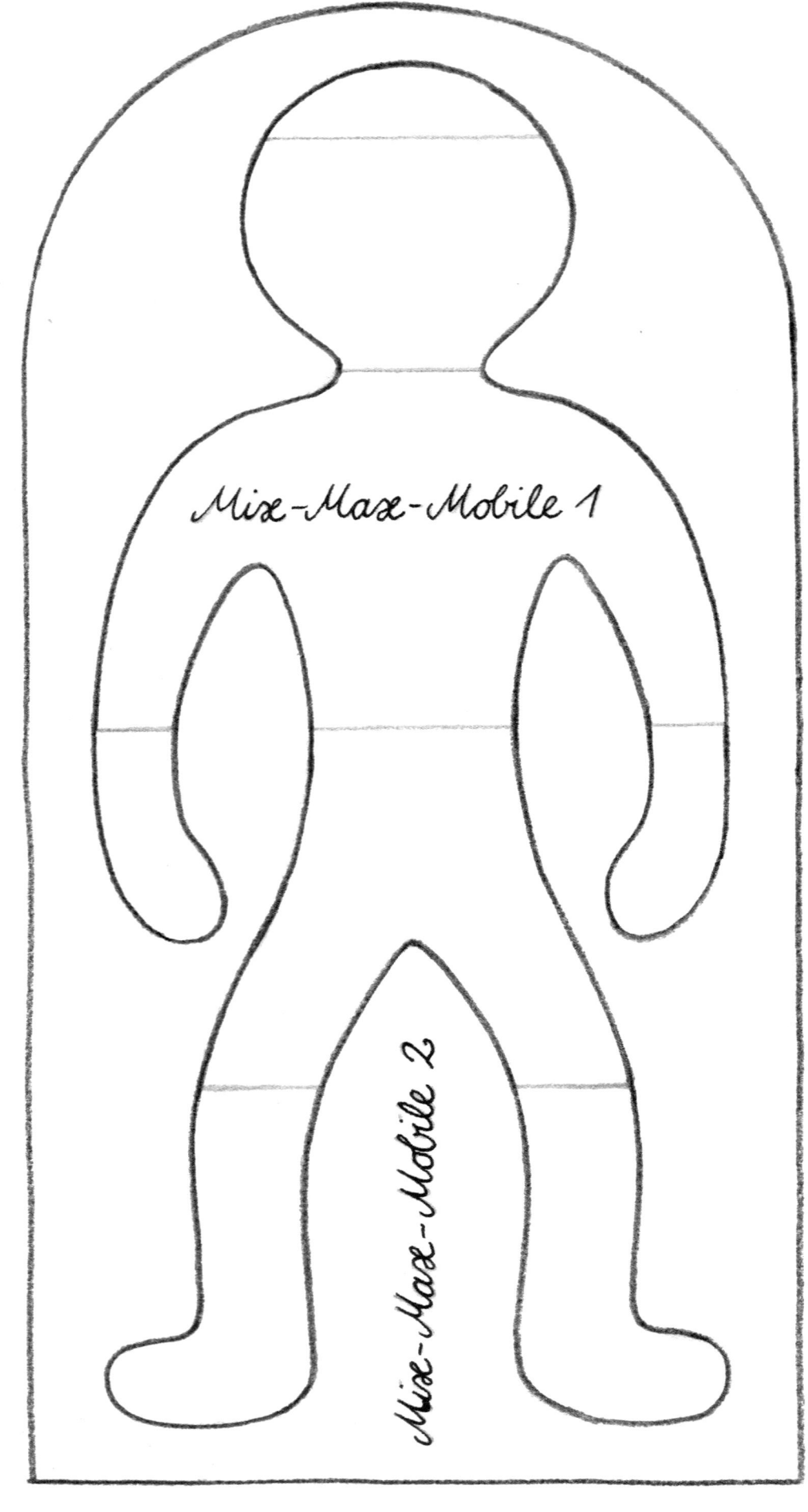

Mix-Max-Mobile 1

Mix-Max-Mobile 2

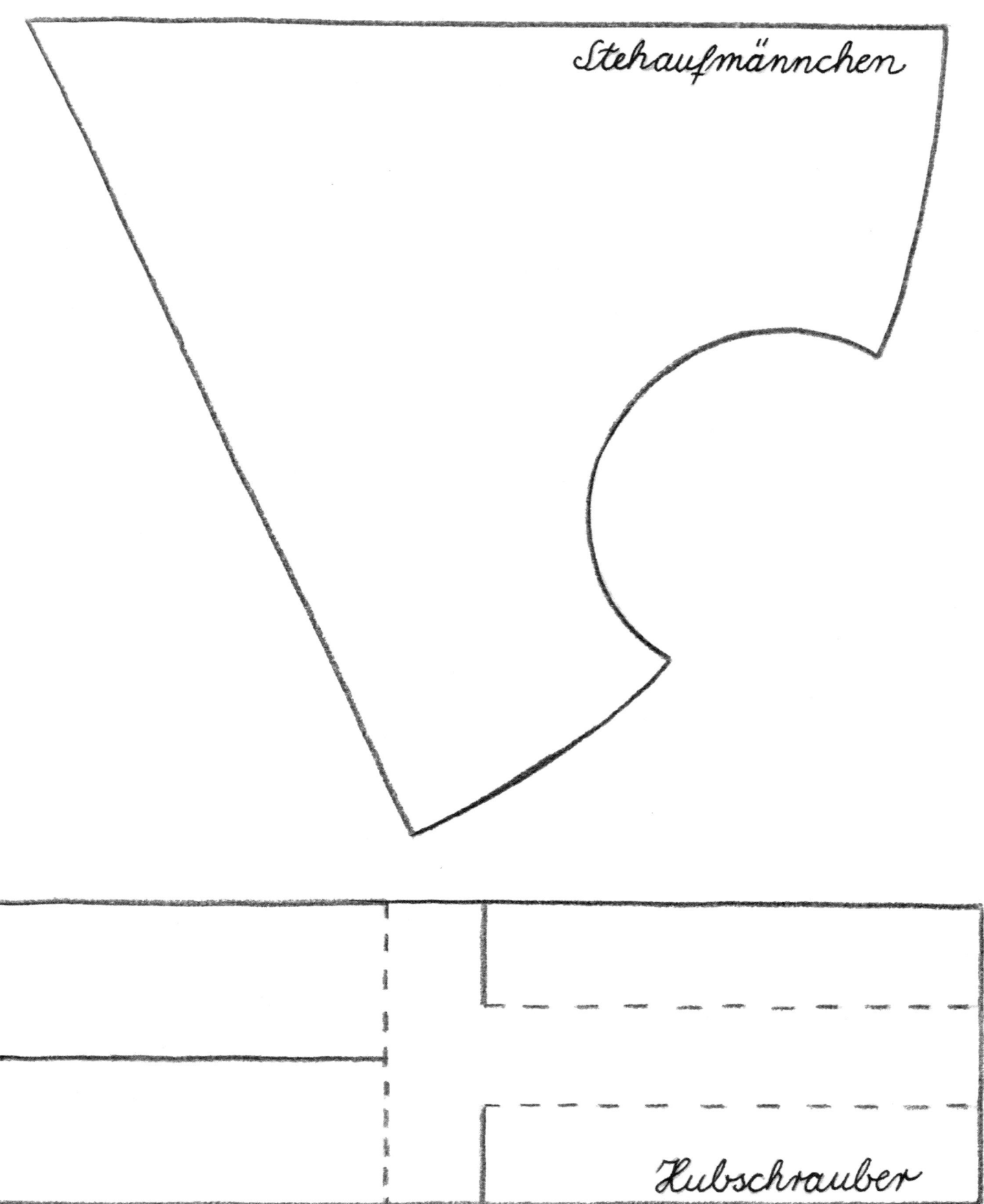

Stehaufmännchen

Hubschrauber

Tabellenübersicht zu Materialien und Werkzeugen

Was Kinder zum Basteln immer gebrauchen können

Papiere

Alufolie
Butterbrotpapier
Filtertüten
Geschenkpapierreste
Glitzerpapier
Krepppapier
Moosgummi
Regenbogenpapier
Tonpapier
Transparentpapier
Verpackungsseidenpapier
    findet man am besten in Porzel-
    lan- oder Geschenkgeschäften.
    Dort werden zerbrechliche
    Gegenstände, Glas und Porzel-
    lan darin eingepackt.
Wellpappe

Farben

Bastelfarben
Bleistift
Buntstifte
Filzstifte
Fingerfarben
Kugelschreiber
Wachsmalstifte
wasserfeste Filzstifte

Klebstoffe

Klebeband
Klebestift
Klebstoff (flüssig)
Kleister

Haushaltsmaterialien

alte Strümpfe
Bänder
Büroklammern
Gardinenbleiband
Geschenkbänder
Gummifäden
Gummiringe
Kordeln
Luftballons
Musterklammern
Nähgarn
Paketschnur
Pappteller
Plastiktütenverschlussdraht
Reis
Schaschlikstäbchen
Schleifen
Spitzen
Spitzenpapierdeckchen
Stoffreste
Streichhölzer
Strohhalme
Teelichter
Watte
Wollreste
Zahnstocher

wertloses Material

alte Tennisbälle
Bierdeckel
Blechdosen
defekte Glühbirnen
Eierkartons
Eierpaletten
Eisstäbchen
Hüllen von Überraschungs-
eiern
Joghurtbecher
Kartons
Käseschachteln
Korken
Kronkorken
Milchtüten
Papprollen
Plastikdosen
Plastikflaschen
Plastiktüten
Schachteln
Schuhkartons
Styropor(verpackungen)
Walnussschalen

Tolle Bastelmaterialien

die vielleicht nicht jeder hat und deshalb vorher besorgt werden müssen.

Bastelgeschäft

Acrylfarben
  sind beim Gebrauch wasserlös-
  lich, im trockenen Zustand aber
  wasserfest. Käuflich in kleinen
  Töpfchen, mit denen man aber
  weit kommt.
Aufkleber
bunte Federn
Filz
Glasperlen
Glöckchen
Holzperlen
kleine Kette
Lackstifte
Pfeifenputzer
Styroporkugeln
Tontöpfe
Wattekugeln

Schreibwarengeschäft

Aufkleber
Büroklammern
Musterklammern

Spielwarengeschäft

Glasmurmeln
Luftballons
Straßenkreide
Tischtennisbälle

Musikgeschäft

Geigenbogenharz

Apotheke oder Drogeriemarkt

dünne Mullhandschuhe

Haushaltswarengeschäft

Teesiebe
Seidenpapier
  (zum Verpacken – einfach mal
  nachfragen!)

Recyclinghof

Korken
  (werden dort getrennt gesammelt – einfach mal nachfragen!)

Werkzeuge und Materialien

die sich die Kinder von ihren Eltern ausleihen müssen.

alte Teller zum
Farbenmischen
Blumendraht
Bügeleisen
Dorn
Fön
Hammer
Holzdübel
kleine Säge

kleine, spitze Schere
Lineal
Locher
Nadeln
Nägel
Pinsel
Plastikunterlage
Rundhölzer
Sägemesser

Schere
Schraubenzieher
Schraubösen
Tacker
Taschenlampe
Trichter
Wasserglas
Zirkel

Alphabetisches Register

Zur Autorin / Zur Illustratorin

Gisela Mühlenberg ist von Beruf Diplom-Pädagogin und Werklehrerin. Sie ist seit vielen Jahren in der Familienbildungsstätte der Stadt Bochum tätig.

Ihre langjährigen Erfahrungen in der Arbeit mit Eltern und kleinen Kindern in der Familienbildungsstätte und die Begeisterung ihrer beiden inzwischen schon erwachsenen Söhne Björn und Niko beim Basteln, haben sie vor vielen Jahren schon dazu bewegt Bücher für kleine Kinder zu schreiben. Ihr Buch „Kritzeln, Schnipseln, Klecksen – Erste Erfahrungen mit Farbe, Schere und Papier und lustige Ideen zum Basteln für Kinder ab 2 Jahren" (Ökotopia Verlag 1997) findet bei Eltern und ErzieherInnen nach wie vor großen Anklang. Es ist inzwischen zu einem Bestseller des Verlages geworden. Das nun neue vorliegende Buch möchte wieder Eltern und ErzieherInnen mit vielen schönen Anregungen begeistern, die Kinder von 2-8 Jahren mit ganz alltäglichen Bastelutensilien und Haushaltsmaterialien basteln können und mit denen die Kinder dann anschließend zusammen spielen, zaubern und musizieren können.

Vanessa Paulzen, Jg. 1970, Studium Kommunikationsdesign an der Universität Essen mit Schwerpunkt Grafik/Illustration. Illustrationen für zahlreiche Bücher, im Ökotopia Verlag u. a. aus den Reihen „Kinder spielen Geschichte" und „Auf den Spuren fremder Kulturen". Vanessa Paulzen lebt in Düsseldorf und ist neben ihrer Arbeit als Grafikerin auch als freie Künstlerin tätig.

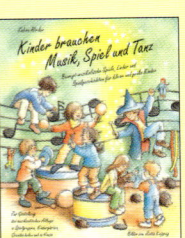